Geschäftsberichte

Hans Jürgen Etterich

Geschäftsberichte

Unvollständigkeit und Intransparenz: Chancen für Big Data

Hans Jürgen Etterich
Düsseldorf, Deutschland

ISBN 978-3-658-12589-9   ISBN 978-3-658-12590-5   (eBook)
DOI 10.1007/978-3-658-12590-5

Die Deutsche Nationalbibliothek verzeichnet diese Publikation in der Deutschen Nationalbibliografie; detaillierte bibliografische Daten sind im Internet über http://dnb.d-nb.de abrufbar.

Springer Gabler
© Springer Fachmedien Wiesbaden GmbH 2017
Das Werk einschließlich aller seiner Teile ist urheberrechtlich geschützt. Jede Verwertung, die nicht ausdrücklich vom Urheberrechtsgesetz zugelassen ist, bedarf der vorherigen Zustimmung des Verlags. Das gilt insbesondere für Vervielfältigungen, Bearbeitungen, Übersetzungen, Mikroverfilmungen und die Einspeicherung und Verarbeitung in elektronischen Systemen.
Die Wiedergabe von Gebrauchsnamen, Handelsnamen, Warenbezeichnungen usw. in diesem Werk berechtigt auch ohne besondere Kennzeichnung nicht zu der Annahme, dass solche Namen im Sinne der Warenzeichen- und Markenschutz-Gesetzgebung als frei zu betrachten wären und daher von jedermann benutzt werden dürften.
Der Verlag, die Autoren und die Herausgeber gehen davon aus, dass die Angaben und Informationen in diesem Werk zum Zeitpunkt der Veröffentlichung vollständig und korrekt sind. Weder der Verlag noch die Autoren oder die Herausgeber übernehmen, ausdrücklich oder implizit, Gewähr für den Inhalt des Werkes, etwaige Fehler oder Äußerungen.

Gedruckt auf säurefreiem und chlorfrei gebleichtem Papier

Springer Gabler ist Teil von Springer Nature
Die eingetragene Gesellschaft ist Springer Fachmedien Wiesbaden GmbH
Die Anschrift der Gesellschaft ist: Abraham-Lincoln-Str. 46, 65189 Wiesbaden, Germany

Vorwort

Das Buch befasst sich mit dem *Vorwort des Vorstands* in Geschäftsberichten Dax-notierter Unternehmen. Im Vordergrund steht eine neue, zunehmende Erscheinung in Geschäftsberichten, und zwar:

▶ Die Unvollständigkeit des Vorworts des Vorstands über seine getroffenen Entscheidungen.

Durch die undifferenzierte Vermischung entscheidungsneutraler Informationen mit Aussagen über tatsächlich getroffene Entscheidungen entstehen buchähnliche Texte, die es dem Leser des Vorworts des Vorstands nicht mehr ermöglichen, den eigentlichen, ihn interessierenden Teil der Aussagen des Vorstands noch zu erkennen.

Angesichts dieser zunehmenden Entwicklung stellen sich zwei Fragen:

- An wen richtet sich das „Vorwort des Vorstands" im Geschäftsbericht eines Dax-notierten Unternehmens?
- Was erwartet der interessierte Leser des Geschäftsberichts?

Sucht man nach Vorschriften im Aktiengesetz, findet man hierzu keine Vorgaben, weder zum *Inhalt* noch zur *Vollständigkeit* der Aussagen über getroffene Entscheidungen.

Die Gründe hierfür sind: Es fehlt ein allgemein gültiger Maßstab zur Überprüfung der Vollständigkeit von Entscheidungen in Unternehmen.

Dies erklärt auch, dass es gesetzliche Vorgaben für die Vollständigkeit des Vorworts des Vorstands im Geschäftsbericht nicht geben kann, denn das Risiko und die wirtschaftlichen Folgen fehlender Entscheidungen tragen ausschließlich das Unternehmen und damit der Vorstand und seine Aktionäre.

Legt man dagegen die Vorgaben zugrunde, die für einen „Bericht" und somit auch für einen „Geschäftsbericht" gelten, so ergibt sich für einen berichtenden Vorstand die Verpflichtung der Vollständigkeit seiner Aussagen, indem er gewährleistet, dass die *Wiedergabe eines Sachverhalts wahrheitsgetreu in schriftlicher Form* erfolgte (vgl. Duden).

Ein unvollständiger *Bericht,* der Aussagen über getroffene Entscheidungen auslässt, kann hiernach nicht *wahrheitsgetreu* sein.

Der mögliche Einwand, man könne nicht über alles berichten, ist dabei nur eingeschränkt vertretbar. Denn umgesetzte Entscheidungen sind in der Regel „verbraucht", haben also nur wenig bis gar keinen Nutzen für Dritte. Sie sind aber informativ für Anteilseigner, interessierte Leser des Vorworts und begrenzt für Wettbewerber.

Die Untersuchungen im Buch zeigen, dass der Anteil der Aussagen im Vorwort des Vorstands zum Teil nur 25 % des buchähnlichen Gesamttextes beträgt und erhebliche Lücken aufweist. Die Ursache für solche Mängel ist unter anderem:

▶ Vielen untersuchten Unternehmen fehlt der Maßstab zur Überprüfung der Vollständigkeit von Entscheidungen.

Die Folge ist, dass auch ihre Aussagen im Geschäftsbericht kein „Spiegelbild" getroffener Entscheidungen sein können. Stattdessen erfolgt eine „Aufblähung" der Vorworte der Vorstände mit bereits bekannten Informationen, was zu einer weiteren Erkenntnis führt:

▶ „Aufblähte" Vorworte der Vorstände sind ein untrügliches Merkmal für Probleme der Unternehmen.

Eine weitere Erscheinung erlaubt die Vermutung, dass Inhalt und Aufmachung der Texte in Geschäftsberichten nicht von den verantwortlichen Vorständen der Unternehmen stammen, sondern von externen Agenturen, denn Inhalt und Wortwahl des Vorworts des Vorstands sind „geschäftsfremd"!

Fazit

Diese Erscheinungen in Geschäftsberichten fördern Verdrossenheit bei Aktionären und Lesern des Geschäftsberichts und bereiten den Boden für eine weitere, nicht beherrschbare Gefahr: Die Nutzung scheinbar unverbindlicher „Informationen" durch Konkurrenten und *Big Data.*

Das Buch widmet sich auch der Aufdeckung von ungenutzten Merkmalen über Algorithmen.

Düsseldorf, Deutschland   Hans Jürgen Etterich

Inhaltsverzeichnis

1 Relevante Aussagen 1
   1.1   Einführung 1
   1.2   Bewertung 2
   1.3   Sorgfaltspflicht 6
   1.4   Beliebigkeit 8
   1.5   Maßstab 8
   1.6   Fazit 10
   1.7   Corporate Governance 12
   1.8   Lagebericht 14
   1.9   Presse 15
   1.10   Vollständigkeit 16
   1.11   Maßstab 17
   Literatur 21

2 Irrelevante Informationen 23
   2.1   Einführung 23
   2.2   Beispiel 24
   2.3   Auffälligkeiten 25
   2.4   Algorithmen 25
   2.5   Analysen 26

3 Chancen für Big Data 29
   3.1   Einführung 29
   3.2   Wissen und Informationen 30
   3.3   Analyse 30
   3.4   Erkenntnis 31
   3.5   Auffälligkeiten 32

3.6	Fazit	34
Literatur		34
4	**Methoden & Deutungen**	**35**
4.1	Einführung	35
4.2	Handlungen	38
4.3	Vollständigkeit	39
4.4	Semantik	39
4.5	Deutung	40
4.6	Marketing	42
4.7	Computer	42
4.8	Steuerung	45
4.9	Visualisierung	46
4.10	Analytiker	47
4.11	Mehrdeutigkeit	48
4.12	Fremdsprachen	49
4.13	Auswertung	56
Literatur		60
5	**Zusammenfassung: Gefahren & Chancen unvollständiger Geschäftsberichte**	**61**
Literatur		68

Über den Autor

Hans Jürgen Etterichs erster beruflicher Abschnitt umfasst eine mehrjährige Tätigkeit als Ingenieur im Institut für Reine & Angewandte Kernphysik, Prof. E. Bagge, Universität, in Kiel.

Daran schloss sich eine mehrjährige Industrietätigkeit. Sie umfasste folgende Schritte: Vorstandsassistent, Reichhold Chemie in Hamburg; Planning Manager Europe, Dow Corning Corp. in Brüssel; Business Manager Schmalbach-Lubeca in Braunschweig und Geschäftsführer Mauser-Werke in Brühl.

Sein zweiter beruflicher Abschnitt umfasst die Unternehmensberatung mit den Schwerpunkten Management Audits und der Bewertung der Vollständigkeit von Unternehmensentscheidungen.

Er veröffentlichte mehrere Artikel zur Unternehmensführung sowie empirische Untersuchungen über die Vollständigkeit von Entscheidungen in Unternehmen.

Er ist Mitgesellschafter einer international tätigen Beratungsgesellschaft mit Sitz in Köln.

Der Autor verfügt über ein abgeschlossenes Studium als Ingenieur und ein Studium der Betriebswirtschaftslehre. Er besuchte die Harvard Business School in Boston, USA, wo er das Program for Management Development (PMD) absolvierte.

Einleitung

Behandelt wird die Vollständigkeit der Aussagen des Vorstands Dax-notierter Unternehmen auf der Grundlage empirisch gestützter Methoden[1]. Ursachen, Umfang und Folgen der verbreiteten Unvollständigkeit bilden den Schwerpunkt der Untersuchungen in diesem Buch.

Das Vorwort des Vorstands ist der Teil eines Geschäftsberichts, in dem der Leser Aussagen über getroffene Entscheidungen erhält. Er steht am Anfang des Geschäftsberichts und richtet sich an die *Anteilseigner, Mitarbeiter* und die *Fachpresse.*

Die Hauptversammlung, an der die drei genannten Gruppen teilnehmen, bietet Gelegenheit, Fragen zum *Vorwort des Vorstands* im Geschäftsbericht zu stellen. Aufgrund des Umfangs des *Vorworts,* der sich inzwischen auf mehrere hundert Seiten verteilt, ist die Erkennbarkeit relevanter Aussagen häufig nicht mehr möglich.

Untersuchungen zeigen, dass die undifferenzierte Vermischung relevanter mit irrelevanten Aussagen im Vorwort des Vorstands ein Ausmaß erreicht hat, deren Trennung nur noch mit technischen und analytischen Hilfsmitteln gelingt. Das Ergebnis solcher Untersuchungen führen bereits zur Aufdeckung einer ersten Erkenntnis.

▶ Umfangreiche Texte zum Vorwort des Vorstands sind in der Regel ein untrügliches Merkmal für Probleme der Unternehmen!

Überprüft man solche *Vorworte* zusätzlich auf ihre *Vollständigkeit* mithilfe empirisch gestützter Methoden, auf die das Buch ausführlich eingeht, so tritt eine weitere Erscheinung zutage:

▶ Nur etwa 20 % der tatsächlichen Aussagen werden kommentiert. Es liegt also kein „Spiegelbild" getroffener Entscheidungen im Sinne eines „Berichts" vor

Kategorie[1]	Aussage	Kurs	Ergänzung	
1 Strategie	0		situativ	
2 Führung	1			
3 Marketing	1			
4 Prozess	0		situativ	
5 Kultur	1			intern
6 Finanz	1			
7 Innovation	0		situativ	
8 Struktur	1			
9 Mitarbeiter	0		situativ	
10 Verkauf	1			
11 Kunde/Markt				extern

Schlüssel: Vergl. Harvard-Studie[1] = Entscheidungs-Kategorien:
1 = Strategie 2= Führung 3 = Marketing 4 = Prozesse 5 = Kultur 6 = Finanzen 7 = Innovation
8 = Struktur 9 = Mitarbeiter 10 = Verkauf 11 = Kunde/Markt
• → Aussagen ○ ---▶ **Lücken:** 1 Strategie, 5 Kultur, 7 Innovation, 9 Mitarbeiter

Abb. 1 „Schlinger"-Kurs

Unvollständige Entscheidungen führen zu „Schlinger"-Kursen! Das Management ist gezwungen, situativ spontane Ergänzungen vorzunehmen (vgl. Abb. 1).

Anmerkungen

Häufige, spontane Meetings des Managements sind ein untrügliches Merkmal für fehlende Entscheidungen. Sie dienen dazu, nachträglich Entscheidungslücken zur ergänzen, um den „Schlinger"-Kurs zu beenden.

Mit Hilfe von elf Entscheidungskategorien, die zur Steuerung jedes Unternehmens erforderlich sind, gelingt es, Entscheidungslücken aufzudecken und gezielt zu ergänzen.

Die elf Entscheidungskategorien wurden am Ende einer mehrjährigen Analyse des empirischen Datenmaterials von über 3.000 Geschäftsaufzeichnungen von Unternehmen aufgedeckt. Alle getroffenen Entscheidungen der Unternehmen ließen sich den elf Entscheidungskategorien zuordnen.

Das vorliegende Buch befasst sich in den Kap. 1 bis 4 mit der Unvollständigkeit von Aussagen im Vorwort des Vorstands veröffentlichter Geschäftsberichte. Als Vergleich zu den *Dax*-notierten Unternehmen wird auch das Aussageverhalten eines im *Nasdaq* notierten US- Unternehmens behandelt.

Das Buch gliedert sich in die folgenden Kapitel.

Kap. 1: Relevante Aussagen

Hier wird die Vollständigkeit von Aussagen über getroffene Entscheidungen im Vorwort des Vorstands von Geschäftsberichten auf der Grundlage der elf Entscheidungskategorien überprüft.

Kap. 2: Irrelevante Informationen

Dieses Kapitel befasst sich mit den irrelevanten *Informationen* im Vorwort des Vorstands in Geschäftsberichten, die Vorworte „aufblähen" und den geringen Anteil relevanter Aussagen verdecken.

Kap. 3: Chancen für Big Data

Hier werden die Möglichkeiten behandelt, die sich aus dem großzügigen Umgang mit scheinbar „irrelevanten Informationen" in Geschäftsberichten für „Dritte" bieten, und zwar für „Big Data".

Kap. 4: Methoden & Deutungen

Hier werden verschiedene methodische Grundlagen anhand von Anwendungen behandelt, und zwar neben der „Semantik" auch Details zu den elf Entscheidungskategorien.
Auch die Grenzen, die Computern gesetzt sind bei der Deutung von Sprachinhalten, werden angesprochen.

Kap. 5: Zusammenfassung: Gefahren & Chancen unvollständiger Geschäftsberichte

Hier werden die wesentlichen Erkenntnisse der vorangegangenen Kapitel noch einmal zusammengestellt.

Relevante Aussagen 1

1.1 Einführung

Behandelt wird die Vollständigkeit von Aussagen im *Vorwort des Vorstands* veröffentlichter Geschäftsberichte.

Die Definition des Wortes „Bericht", als Teil der Bezeichnung „Geschäftsbericht", fordert die *sachbezogene* Wiedergabe des Ablaufs oder Geschehens eines Vorgangs (vgl. Duden).

Diese Regel zur Kommunikation erlaubt somit nicht eine Gleichsetzung oder undifferenzierte Vermischung von entscheidungsbezogenen *Aussagen* mit neutralen *Informationen,* die es dem Leser überlässt, zu erkennen, welcher Teil des gemischten Textes entscheidungsbezogen und welcher entscheidungsneutral ist.

In der Praxis zeigt sich dagegen ein anderes Verhalten der Unternehmen in ihren Geschäftsberichten. So wird das *Vorwort des Vorstands* in Geschäftsberichten inzwischen mit einer Fülle von *Informationen* vermischt, die es den Lesern kaum noch erlauben, entscheidungsbezogene Aussagen zu erkennen.

Auffällig ist inzwischen eine zunehmende „Beliebigkeit" bei der Abfassung der Texte, deren Inhalte überwiegend auf fast jedes Unternehmen passen. Spezifische, entscheidungsbezogene Merkmale des berichtenden Unternehmens fehlen oder werden nur mit Mühe und großer analytischer Anstrengung erkennbar.

So erreichen die Aussagen der Vorstände im Geschäftsbericht von Dax-Unternehmen teilweise einen Umfang von mehreren hundert Seiten, ohne dass sie vollständig über getroffene Entscheidungen berichten. Diese „Aufblähung" wird bereits in einem FAZ-Artikel angesprochen, der Bezug nimmt auf Geschäftsberichte mit einem Umfang von über 500 Seiten (vgl. Velte 2015).

Diese Entwicklung ist jedoch nicht allein nur die Folge eines bewussten Verschweigens relevanter, entscheidungsbezogener Aussagen. Vielmehr ist sie auch die Folge einer verbreiteten Unkenntnis, die Vollständigkeit von Entscheidungen in Unternehmen methodisch zu überprüfen. Auf das methodische Vorgehen zur Aufdeckung von Aussagelücken in Geschäftsberichten wird daher eingegangen.

Die Grundlagen zur Überprüfung der Vollständigkeit von Entscheidungen in Unternehmen gehen auf empirische Untersuchungen der Harvard Universität zurück (vgl. Cousins 1986).

Sie erlauben es, neben der Überprüfung der Vollständigkeit von Entscheidungen in Unternehmen, auch die Überprüfungen der Unvollständigkeit von Aussagen über diese Entscheidungen in Geschäftsberichten nachzuvollziehen. Diese sollten ja ein „Spiegelbild" getroffener Entscheidungen sein.

Der Leser erhält bereits am Anfang dieses Buches Einblick in die *Bewertung* der Aussagen im Geschäftsbericht eines Dax-Unternehmens, das Gegenstand des oben erwähnten FAZ-Artikels ist.

Auf die methodischen Grundlagen der Harvard-Studie über die Vollständigkeit von Entscheidungen in Unternehmen, die zu den angesprochenen elf Entscheidungskategorien führten, wird schrittweise im Rahmen mehrerer Bewertungen in diesem Buch eingegangen.

1.2 Bewertung

Der Untersuchung liegt der Geschäftsbericht eines Dax-notierten Unternehmens zugrunde, der aus einem Mischtext von *Vorwort des Vorstands* und *allgemeinen Informationen,* die ohne Bezug auf Entscheidungen sind, auf insgesamt 576 Seiten verteilt ist.

Der interessierte Leser oder Analytiker muss also 576 Seiten lesen, um *Aussagen* über getroffene Entscheidungen von neutralen *Informationen,* die keinen solchen Bezug besitzen, zu erkennen und zu trennen. Er wird nach mühevoller Analyse, weil Computer Spracherkennungen nicht beherrschen, auf 36 Aussagen stoßen. Den Rest des Textes, der ohne Bezug auf getroffene Entscheidungen ist, wird er zur Seite legen, falls er bis hier vorgestoßen sein sollte.

Ordnet er nun die 36 Aussagen nach ihrem Inhalt den elf Entscheidungskategorien, den „Sphären", zu, erhält er eine Verteilung, die in Abb. 1.1 und 1.2 dargestellt ist. Hier erkennt der Leser auf einen Blick, dass eine ungleiche Anzahl der Aussagen vorliegt, bei der in vier der elf Entscheidungskategorien lediglich eine Entscheidung getroffen wurde.

Deutlich wird ein überwiegend nach innen gerichtetes Aussageverhalten mit insgesamt 53 % (vgl. Abb. 1.3). 25 % der Aussagen befassen sich mit Marktthemen und nur 22 % decken sechs weitere, notwendige Entscheidungskategorien ab, die zur Führung eines Unternehmens erforderlich sind.

1.2 Bewertung

Sphäre	Aussagen		Bereiche	
1 Strategie	= 5			
2 Führung	= 2	= 8	strategisch	= 22 %
3 Marketing	= 1			
4 Prozesse	= 1			
5 Kultur	= 2	= 10	operativ	= 28 %
6 Finanz	= 6			
7 Innovation	= 1			
8 Struktur	= 8			
9 Mitarbeiter	= 1	= 13	taktisch	= 36 %
10 Verkauf	= 4			
11 Kunden/Markt	= 5	= 5	extern	= 14 %
gesamt		= 36 Aussagen		= 100 %

Abb. 1.1 Aussagenverteilung

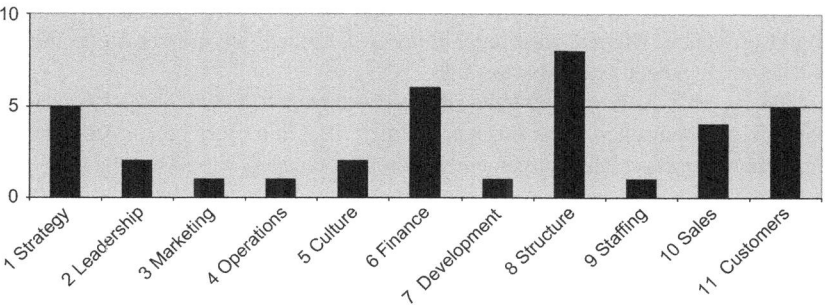

Abb. 1.2 Visualisierung

Auf marktnahe Themen entfallen mit neun Aussagen, also 25 %.

Das Vorwort des Vorstands über die Steuerung des Unternehmens ist zwar vollständig, aber unausgewogen. Ein Geschäftsbericht mit nur 36 Aussagen ist kein vollständiges Abbild getroffener Entscheidungen.

Interne Themen:	Struktur	= 8 Aussagen		
	Finanz	= 6 Aussagen	= 19	= 53%
	Strategie	= 5 Aussagen		
Marktnahe Themen:	Verkauf	= 4 Aussagen	= 9	= 25%
	Kunden/Markt	= 5 Aussagen		
Sonstige Themen	Führung	= 2 Aussagen		
	Kultur	= 2 Aussagen		
	Prozesse	= 1 Aussagen	= 8	= 22%
	Marketing	= 1 Aussagen		
	Mitarbeiter	= 1 Aussagen		
	Innovation	= 1 Aussagen		

Abb. 1.3 Schwerpunkte

Der Geschäftsbericht ist also unvollständig, denn bei den nur *fünf* strategischen Entscheidungen entstehen bereits aufgrund der Vernetzung aller Entscheidungen 55 weitere Entscheidungen, die ineinander greifen, bis sie den Kunden/Markt erreichen. Hierauf wird unter *Entscheidungszahl* an anderer Stelle dieses Buches eingegangen (vgl. Abschn. 1.4).

Die im FAZ-Artikel (vgl. Velte 2015) erwähnten 576 Seiten des Geschäftsberichts der Deutschen Bank machen deutlich, dass mit einer hohen Anzahl von Textseiten, vermischt mit allgemeinen Fotos, noch nicht eine Gewähr über die Vollständigkeit getroffener Aussagen des Vorstands im Geschäftsbericht über seine Entscheidungen zur Steuerung des Unternehmens verbunden ist.

Velte stellt somit in seinem FAZ-Beitrag (vgl. Velte 2015) zu Recht fest: *„Die Geschäftsberichte werden immer verwirrender!"*

Der Umfang von nur 36 entscheidungsbezogenen Aussagen sowie die 576 Seiten des Geschäftsberichts, vermischt mit Bildern und vielen *Informationen,* ohne Bezüge auf getroffene Entscheidungen, überfordert jeden Leser, der an faktischen Aussagen zur Führung der Bank interessiert ist.

Die Frage ist: Warum informieren Unternehmen immer häufiger die Leser ihrer Geschäftsberichte so umfangreich und zugleich so unvollständig?

Die Leser können und vermutlich sollen den geringen Anteil relevanter Aussagen zu Entscheidungen durch die „Aufblähung" mit einer großen Anzahl entscheidungsneutraler „Informationen" nicht mehr unterscheiden. Unsere Untersuchungen von Geschäftsberichten zeigen: Das Verhältnis zwischen konkreten Aussagen zu „Beiwerk" beträgt inzwischen eins zu vier und mehr!

1.2 Bewertung

Ganz allgemein ist in Geschäftsberichten ein Trend zu wortreichen, sachfremden Texten zu beobachten. Geschäftsberichte ähneln in ihrer Aufmachung mit allgemeinen Informationen und reichhaltigen Bildern zunehmend schönen „Modezeitschriften"!

Dieser Trend ist das Gegenteil von dem, was zur Führung eines Unternehmens an sachlichen Entscheidungen durch den Vorstand erforderlich ist und über die der Vorstand zu berichten hat, um den Zweck eines Geschäftsberichts zu erfüllen. Denn die Steuerung eines Unternehmens auf der Grundlage strategischer Entscheidungen erfordert bei nur zehn strategischen Entscheidungen bereits knapp über 100 interne Folgeentscheidungen, das heißt operative Maßnahmen, um am Markt mit einer Maßnahme, zum Beispiel einer Zinserhöhung, aufzutreten.

Der Geschäftsbericht der Deutschen Bank enthält nur 36 Aussagen über getroffene Entscheidungen des Vorstands und liegt somit weit unterhalb der notwendigen Entscheidungen, die der Vorstand zur Steuerung des Unternehmens benötigt.

Das Vorwort des Vorstands dieses Geschäftsberichts ist also unvollständig. Darüber hinaus zeigt sich eine ungleiche Verteilung der Aussagen (vgl. Abb. 1.2) auf die elf Entscheidungskategorien.

Die Analysen von weiteren Geschäftsberichten in diesem Buch zeigen, dass das Aussageverhalten der Deutschen Bank keine Ausnahme ist. So fragt sich nicht nur der Analytiker, sondern wohl auch der Leser, was zum Beispiel einen Vorstand zu folgenden Äußerungen veranlasst haben könnte:

- „Infolge der Wettbewerbsintensität ist ein Durchreichen der Kostenerhöhungen nicht immer möglich."
- „Der zunehmende Wettbewerb hat negative Auswirkungen auf die Preiswahrnehmung."
- „Unsere führenden Marktpositionen sind ein wesentlicher Erfolgsfaktor für Kundenzufriedenheit und Profitabilität."

Solche Äußerungen legen die Vermutung nahe, dass sie von externen Agenturen formuliert wurden. Denn Sprache und Inhalt sind untypisch für das Management von Unternehmen.

Der Trend, Text und Gestaltung von Geschäftsberichten externen Agenturen zu übertragen, hat erheblich zugenommen und erklärt solche Ausdrucksweisen, die wenig „businesslike" erscheinen.

Earl Shorris (vgl. Shorris 1980) spricht bei Informationen, die so reichlich mit den wenigen Merkmalen über getroffene Entscheidungen vermischt sind und die „Aufblähung" der Geschäftsberichte erklären, von: „Datenschmutz", den, wenn man ihn an den richtigen Ort bringt und eine Ordnung herstellt, zu „Wissen" wird.

Der Leser ist jedoch nicht der „richtige Ort", eine solche Trennung von „Datenschmutz" vorzunehmen, weil ihm hierzu in der Regel Geduld, Technik und Fachwissen fehlen.

So stellt sich angesichts solcher Mängel und Trends die Frage nach der Sorgfaltspflicht, die das Management zu gewährleisten hat. Gibt es hierzu Vorgaben?

1.3 Sorgfaltspflicht

Die Frage, ob die Sorgfaltspflicht bereits verletzt wurde, wenn Unvollständigkeit von Aussagen im *Vorwort des Vorstands* eines Geschäftsberichts vorliegt, hängt im Einzelfall davon ab, gegen welche allgemeinen Vorschriften zur Einhaltung der Sorgfaltspflicht verstoßen wurde.

Im Streitfall muss der Beweis einer Verletzung erbracht werden, um Schadenersatz nach den Paragrafen des Aktiengesetzes (vgl. §§ 93, 116 AktG) leisten zu müssen. Für die Geschäftsführung einer GmbH gelten die Vorschriften zur Vollständigkeit aus dem GmbHG (vgl. §§ 52 und 116, 111 Abs. 4 GmbHG).

Vorschriften zur Vollständigkeit von Aussagen über Entscheidungen im Geschäftsbericht kann es nicht geben, denn Entscheidungen beruhen auf Abwägungen des Managements. Die Folgen von Fehlentscheidungen trägt daher auch das Management selbst.

Hinzu kommt, dass nach der „Business Judgement Rule" der Vorstand keinen Weisungen Dritter (vgl. § 78 Abs. 1 AktG) unterliegt. Der Geschäftsführer einer GmbH dagegen ist an die Weisungen der Gesellschafter gebunden (vgl. § 37 Abs. 1 GmbHG).

Der Geschäftsführer (Management) ist daher zwar um die Vollständigkeit seiner Entscheidungen bemüht, muss aber bei erkennbaren Chancen oder Problemen in der Regel situativ handeln.

Maßstab

Den Maßstab der elf Entscheidungskategorien zur Überprüfung der Vollständigkeit von Entscheidungen und damit auch den Aussagen im Vorwort des Vorstands im Geschäftsbericht wenden die untersuchten Unternehmen offensichtlich nicht an. So ist bei diesen Unternehmen auch das *Vorwort des Vorstands* im Geschäftsbericht kein „Spiegelbild" vorher getroffener Entscheidungen oder es wird unvollständig im Geschäftsbericht berichtet.

Die Pflichten des Vorstands bezüglich der „Vollständigkeit" umfassen:

1.3 Sorgfaltspflicht

- Ordentliche Einberufung der Hauptversammlung
- Beachtung des Wettbewerbsverbots
- In Kenntnis setzen des Aufsichtsrats zur Entwicklung des Unternehmens
- Erstellung des Jahresabschlusses und Lagebericht und
- Vorlegung zur Prüfung durch den Aufsichtsrat.

Realität

Beurteilt man vor dem Hintergrund der Sorgfaltspflicht die Aussagelücken im *Vorwort des Vorstands* im vorangestellten Beispiel, so stellt sich die Frage: Sind unvollständige Aussagen im Vorwort des Vorstands bereits Verstöße gegen die Sorgfaltspflicht?

Der Vorstand trifft im vorangestellten Beispiel (vgl. Abb. 1.3) nur

- 53 % = 19 Aussagen zu Fertigungsabläufen = 3 Entscheidungskategorien und
- 25 % = 9 Aussagen zu Verkauf + Markt = 2 Entscheidungskategorien
- 22 % = 8 Aussagen zu den restlichen = 6 Entscheidungskategorien

Vergleich

Hierzu das Aussageverhalten von zehn Dax-notierten Unternehmen. Die geringe Anzahl von Aussagen (vgl. Abb. 1.4) und ihre unregelmäßige Verteilung über die

Unternehmen	1	2	3	4	5	6	7	8	9	10	DB
Aussagen											
1 Strategie	27	9	8	2	4	27	7	7	12	4	5
2 Führung	6	5	5	0	2	5	4	3	4	0	2
3 Marketing	1	2	3	0	4	2	19	6	2	12	1
4 Prozesse	0	1	1	0	4	4	7	2	3	1	1
5 Kultur	2	3	0	1	6	7	4	0	8	1	2
6 Finanz	10	11	5	1	4	5	16	1	5	3	6
7 Innovation	1	3	4	0	3	7	0	3	9	0	1
8 Struktur	1	7	7	3	9	19	14	5	5	9	8
9 Mitarbeiter	2	2	2	2	1	5	1	1	2	0	1
10 Verkauf	24	2	11	6	7	13	1	3	4	0	4
11 Kunde/Markt	6	11	6	3	3	6	5	5	12	1	5
Gesamt (Ist)	80	56	52	18	47	100	78	36	66	31	36
Lücken	1	0	1	4	0	0	1	1	0	4	0
Ist- Aussagen	80	56	52	18	47	100	78	36	66	31	= 564 = 48%
Soll- Aussagen	297	99	88	22	44	297	77	77	132	44	= 1177 = 100%

Abb. 1.4 Aussageverhalten

elf Entscheidungskategorien ist in der Realität noch vermischt mit Informationen, die im Haftungsfall als Nachweis für die Einhaltung der *Sorgfaltspflicht* dienen könnten.

Die Gegenüberstellung der Deutschen Bank (DB) mit anderen Unternehmen zeigt, dass Ähnlichkeiten im Aussageverhalten mit zehn weiteren Dax-Unternehmen bestehen. Sie gehört jedoch zu den vier Unternehmen mit der niedrigsten Anzahl getroffener Aussagen.

1.4 Beliebigkeit

Es bestehen große Unterschiede in der Anzahl getroffener Aussagen zwischen den Geschäftsberichten der Unternehmen. Sie reichen von 18 bis zu 100 Aussagen (vgl. Abb. 1.4).

Sechs von zehn Unternehmen treffen für bestimmte Entscheidungskategorien überhaupt keine Aussagen. Ob dieses Abbild auch ihren tatsächlichen Entscheidungslücken entspricht, können nur die Unternehmen selbst beantworten. Für die Deutsche Bank sollte es dagegen eine weniger beruhigende Tatsache sein, zu den ebenso lückenhaft berichtenden Unternehmen zu gehören.

Zudem zeigt sich, dass eine hohe Anzahl von Aussagen noch keine Gewähr für die Vermeidung von Lücken ist. So weist das Unternehmen (1) mit 80 Aussagen eine Lücke auf, indem es keine Aussage zu „Prozesse" trifft, während das Unternehmen (5) mit nur 47 Aussagen „lückenlos" berichtet.

1.5 Maßstab

Bei der Überprüfung der Vollständigkeit von Aussagen im *Vorwort des Vorstands* eines Geschäftsberichts geht man zunächst von der Annahme aus, dass ein lückenloser Entscheidungsablauf innerhalb des Unternehmens vorlag und somit auch das Vorwort des Vorstands, das ein „Spiegelbild" getroffener Entscheidungen ist, keine Lücken aufweist. Abb. 1.4 zeigt jedoch, dass eine solche Annahme unrealistisch ist. So treffen sechs von zehn Unternehmen für bestimmte Entscheidungskategorien keine Aussagen.

Diese Lücken können jedoch nicht eine Folge fehlender Entscheidungen sein, da zur Steuerung eines Unternehmens stets alle zehn Entscheidungskategorien erforderlich sind.

Es wird also nicht vollständig berichtet, das heißt die Aussagen sind kein „Spiegelbild" getroffener Entscheidungen, es herrscht somit „Beliebigkeit" im Vorwort

1.5 Maßstab

des Vorstands. Dieser Mangel wird allerdings durch die „Aufblähung" mit entscheidungsneutralen Informationen verdeckt. Hierbei zeigt sich eine verbreitete Erscheinung: Je umfangreicher das Vorwort, desto größer die Probleme des Unternehmens.

Es fehlt vielen Unternehmen eine Antwort auf die Frage: Wann liegt Vollständigkeit der Entscheidungen vor?

Die empirische Erkenntnis aus den Untersuchungen über Entscheidungen in Unternehmen ergab, dass ein *vernetzter* Ablauf von Entscheidungen in jedem Unternehmen vorliegt, der mit einer Entscheidung zur *Strategie* beginnt und mit einer Aktion am Markt endet. Diesen Ablauf zeigt Abb. 1.5, aus der sich die Antwort auf die Frage nach der notwendigen *Entscheidungszahl* ergibt.

Die Vernetzung (= Beeinflussung) jeder einzelnen Entscheidung mit anderen Entscheidungen bewirkt, dass jede Entscheidung Folgeentscheidungen auslöst, die in einer Entscheidung als Maßnahme an den Markt geht. Das heißt, bereits *eine* strategische Entscheidung löst *neun* operative (= interne) Folgeentscheidungen aus, bevor sie als *eine* Maßnahme den „Kunden/Markt" erreicht.

Der Ablauf, und zwar das Anwachsen bereits **einer** strategischen Entscheidung (vgl. Abb. 1.5), führt zu **neun** *operativen* Entscheidungen, bevor **eine** Entscheidung am Markt umgesetzt wird.

Dieses Verhältnis *strategischer* zu *operativer* Entscheidungen, die am Ende mit *taktischen* Entscheidungen den *Kunden* erreichen, hat seine Ursache in den Vernetzungen, dem allseits bekannten „Entscheidungsablauf". Fehlt in diesem Ablauf eine Entscheidung, ist das Endprodukt/Dienstleistung unvollständig. Nachbesserungen oder Regressansprüche sind die Folge.

Dieser Ablauf erklärt die Vermehrung der Entscheidungen. Die Erkenntnis ist also, dass *eine* strategische Entscheidung *zehn* Folgeentscheidungen auslöst.

Vergleicht man dieses Anwachsen notwendiger Folgeentscheidungen mit der tatsächlichen Anzahl von Aussagen im *Vorwort des Vorstands* von zehn Dax-Unternehmen (vgl. Abb. 1.4), so werden die Abweichungen von Aussagen in Geschäftsberichten sichtbar. Abb. 1.4 zeigt also, dass weder die Anzahl noch die Verteilung von Aussagen über getroffene Entscheidungen vollständig ist.

1Strategie-Entscheidung + 9 operativ / taktische Entscheidungen				+ 1 Kunde/Markt = 11 ges.		
5	→	+ 45	→	+ 5	→	= 55 "
10	→	+ 90	→	+ 9	→	= 109 "
20	→	+ 180	→	+ 18	→	= 218 "
30	→	+ 270	→	+ 27	→	= 327 "
			usw.			

Abb. 1.5 Entscheidungszahl

Vermutlich fehlt den Unternehmen der Maßstab zur Prüfung der Vollständigkeit von Entscheidungen und späteren Aussagen darüber in Geschäftsberichten (vgl. Abschn. 1.5).

1.6 Fazit

Keiner der untersuchten Geschäftsberichte von Dax-Unternehmen erfüllt somit die Forderung nach einer Übereinstimmung zwischen der Anzahl strategischer Entscheidungen und der daraus zwingend folgenden Anzahl *operativer* Aussagen (vgl. Abb. 1.4).

Die *Sorgfaltspflicht* kann angesichts der aufgedeckten *Lücken* im Vorwort des Vorstands der analysierten Geschäftsberichte bereits als verletzt angesehen werden.

Die „Business Judgement Rule" (vgl. § 78 AktG) besagt, dass der Vorstand keinen Weisungen Dritter unterworfen ist. Er haftet also im Streitfall für solche Mängel. Für GmbH-Geschäftsführer entfällt diese Haftung, weil sie an die Weisungen der Gesellschafter gebunden sind (vgl. § 37 Abs. 1 GmbHG). Es sei denn, sie handeln grob fahrlässig.

Umfang
Die Kommentierung der Ergebnisse eines abgeschlossenen Geschäftsjahres erfolgt in drei Teilen:

- Bericht des Aufsichtsrats
- Corporate Governance
- Lagebricht

Alle drei Dokumente tragen zur Vollständigkeit eines Geschäftsberichts bei. Es sind gesetzlich vorgeschriebene Teile eines Geschäftsberichts.

Abb. 1.6 und 1.7 zeigen die Anzahl und Zuordnung Aussagen auf die elf Entscheidungskategorien.

Die Aussagen des Aufsichtsrats bestimmen die drei Bereiche: *strategisch, operativ* und *taktisch*. Ihre Verteilung innerhalb dieser Bereiche ist unterschiedlich und lückenhaft.

Eine Dominanz des Aufsichtsrats ist unübersehbar. Aussagelücken bleiben weitgehend erhalten. Auch fällt auf, dass mit 185 Aussagen ausschließlich interne Themen im Vordergrund stehen. Aussagen zu Kunden/Markt fehlen in allen drei Aussagebereichen, was besonders überrascht, weil der Vorstand hier keine Aussagen trifft, denn in dessen Verantwortung fällt dieser Bereich über den Verkauf, zu der er aber nur zwei Aussagen trifft.

1.6 Fazit

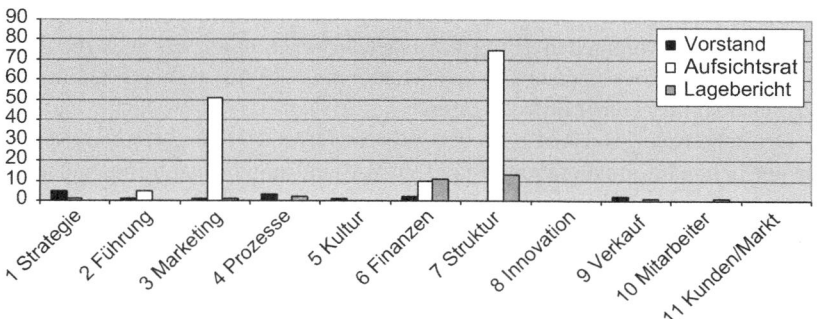

Abb. 1.6 Schwerpunkte

Sphäre	Aufsichtsrat		Vorstand		Lagebericht		Verteilung		gesamt
Strategie	1		5*		0		64		34%
Führung	5	57	1	7	0	0		strategisch	
Marketing	51		1		0				
Prozesse	0		3		2		29		16%
Kultur	0		1		0			operativ	
Finanzen	10	10	2	6	11	13			
Innovation	0		0		0				
Struktur	75		0		13		92		50%
Mitarbeiter	0	75	0	2	1	15		taktisch	
Verkauf	0		2		1				
Kunden/Markt	0		0		0				0%
Gesamt	= 142		=15*		= 28		=185		=100%
Anteil %	= 77 %		= 8 %		= 15 %		= 100 %		

* Soll = 55 (5 x 11), Ist = 5

Abb. 1.7 Anzahl Entscheidungen

Deutlich wird auch die klare Dominanz des Aufsichtsrats mit seinen 142 Aussagen gegenüber den nur 15 Aussagen des Vorstands. Dieses Verhältnis der Anzahl von Aussagen zwischen Aufsichtsrat und Vorstand ist ungewöhnlich.

Die Hervorhebung von *Finanzen* (= zehn Aussagen) und *Struktur* (= 75 Aussagen) durch den Aufsichtsrat lässt zusätzlich auf eine starke Dominanz des Aufsichtsrats schließen.

Die 28 Aussagen der Wirtschaftsprüfer in ihrem Lagebericht entsprechen nach Anzahl und Schwerpunkten den Erwartungen an einen Prüfer, das heißt die Kategorien Finanzen (= elf Aussagen) und Strukturen (= 13 Aussagen) stehen für den Wirtschaftsprüfer immer im Vordergrund.

Der hohe Anteil von Aussagen des Aufsichtsrats mit 51 für *Marketing* spricht für ein hohes Informationsbedürfnis. Der Vorstand nimmt hieran nur mit einer Aussage teil und erscheint mit nur sieben Aussagen im strategischen Bereich fast isoliert.

Das Verhältnis der Aussagen zwischen Aufsichtsrat und Vorstand ist erklärungsbedürftig. Einen Teil der Antworten hierauf liefert die inhaltliche Deutung der Aussagen von Aufsichtsrat und Vorstand, die nicht Gegenstand dieser Analyse zur Wahrung der Vertraulichkeit ist.

Die Gesamtzahl der 185 gewerteten Aussagen im Geschäftsbericht erfordert eine Trennung von hunderten reiner Informationen. Ihre undifferenzierte Vermischung mit tatsächlich getroffenen Entscheidungen macht es dem Leser des Geschäftsberichts praktisch unmöglich, noch zu erkennen, was relevant und was unbedeutend ist.

Ohne eine computergestützte Vorsortierung der Reihenfolge der enormen Satzmengen ist jeder Leser überfordert und legt den Geschäftsbericht zu den Akten.

Auf die Frage, warum ein Unternehmen so berichtet, gibt es vermutlich nur die Antwort: Der Geschäftsbericht soll nicht berichten, sondern unterhalten, mit Bildern und Informationen. Diese vermutete Sicht der Führung des Unternehmens auf die Funktion eines Geschäftsberichts ist jedoch in doppelter Hinsicht bedenklich. Zunächst, weil diese Analyse die *Schwächen* der Führung des Unternehmens offenbart und zusätzlich Einblicke in die *Probleme* des Unternehmens erkennen lässt.

1.7 Corporate Governance

Die Corporate Governance ist Teil jedes Geschäftsberichts eines börsennotierten Unternehmens. Im Vordergrund steht hier nicht ihre Umsetzung, sondern ihre vollständige Abdeckung mithilfe der elf Entscheidungskategorien.

Der Einführungstext zur Corporate Governance (CG) wurde also ebenfalls mit den elf Entscheidungskategorien auf Vollständigkeit überprüft.

▶ Corporate Governance (CG) bezeichnet den rechtlichen und faktischen Ordnungsrahmen für die Leitung und Überwachung eines Unternehmens. Im Unterschied zur Unternehmensverfassung, die primär die Binnenordnung des Unternehmens

1.7 Corporate Governance

betrifft, werden unter dem Stichwort CG auch Fragen der (rechtlichen und faktischen) Einbindung des Unternehmens in sein Umfeld (wie namentlich den Kapitalmarkt) adressiert.

Dabei steht insgesamt die große börsennotierte (Aktien-)Gesellschaft im Mittelpunkt des Interesses. Allerdings werden zunehmend auch andere Rechtsformen und Unternehmen mittlerer Größenordnungen aus dem Blickwinkel ihrer spezifischen Anforderungen an die CG analysiert.

CG ist keineswegs ein neues Thema. So weist die Auseinandersetzung mit der (mangelnden) Effizienz der Führungsorgane, wie namentlich dem Aufsichtsrat, aber auch die Debatte um die Mitbestimmung der Arbeitnehmer in Deutschland eine lange Tradition auf.

In den letzten Jahren hat die Diskussion über zweckmäßige Formen der Leitung und Überwachung von Unternehmen aber sowohl national als auch international einen bislang noch nicht da gewesenen Stellenwert erlangt. Treiber dieser Entwicklung sind zum einen die bekannten zahlreichen Fälle von Missmanagement und Unternehmensschieflagen im In- und Ausland. Zum anderen verleihen die Globalisierung der Wirtschaft und die Liberalisierung der Kapitalmärkte der Diskussion um effiziente und transparente Formen der Unternehmensführung zusätzliche Schubkraft. Im Zuge der aktuellen Finanz- und Wirtschaftskrise werden bisherige Governancemodalitäten mit besonderer Konsequenz infrage gestellt.

Untersucht wurden also

- I: Begriff und Bedeutung der Corporate Governance
- II: Grundtatbestände der Corporate Governance
- III: Reglungsgegenstände und Reglungsebenen der Corporate Governance
- IV: Gestaltungsformen der Corporate Governance
- V: Erfolgswirkungen der Corporate Governance.

Die Zuordnung aller Aussagen in den Absätzen I bis V zeigt Abb. 1.8.

Die „Lücke" **von vier Prozessen** ist konform mit den elf Entscheidungskategorien: Denn die Corporate Governance trifft keine Vorgaben über das „Wie" der Umsetzung (= Prozesse) ihrer Regeln.

Alle Vorgaben der Corporate Governance werden mit den elf Entscheidungskategorien erfasst, bis auf „Prozesse". Hierfür kann Corporate Governance keine Vorgaben machen, weil sie nich*t operative* Ausführungen vorgibt, sondern nur ihre Umsetzung erwartet.

	Intern		
1 Strategie	= 3	6 Finanzen	= 3
2 Führung	= 5	7 Innovation	= 1
3 Marketing	= 4	8 Struktur	= 16
4 Prozesse	**= 0**	9 Verkauf	= 1
5 Kultur	= 9	10 Mitarbeiter	= 1
	Extern ↓		
11 Kunde/ Markt	= 10		
Vorgaben **gesamt**	= 53		

Abb. 1.8 Anzahl Aussagen

Bemerkenswert ist, dass der Verfasser der CG-Vorgaben im Sinne der elf Entscheidungskategorien gedacht haben muss, indem er *Prozesse* als „ausführend" und nicht als „vorgebend" versteht. Somit gibt es auch hierzu auch keine expliziten Vorgaben im Geschäftsbericht, die eine Überprüfung der Vollständigkeit ermöglichen.

Das heißt die Corporate Governance ist nur ein *Ordnungsrahmen*, innerhalb dessen sich Unternehmen mit ihren Entscheidungen bewegen sollen.

Ein Geschäftsbericht, der zu einigen der elf Entscheidungskategorien keine Aussagen enthält, kann somit auch nicht die Corporate Governance erfüllen, da er hierzu keine Entscheidungen getroffen haben kann, es sei denn, der Geschäftsbericht ist unvollständig. Unvollständige Geschäftsberichte sind somit auch ein Indiz für Lücken bei der Umsetzung der Corporate Governance.

Sechs der zehn untersuchten Geschäftsberichte in diesem Kapitel können somit nicht die Corporate Governance erfüllen oder sie berichten nicht darüber, wenn bereits das Vorwort des Vorstands unvollständig ist.

1.8 Lagebericht

Die Schwerpunkte im *Lagebericht* des hier behandelten Geschäftsberichts zeigt die Verteilung von 29 Aussagen innerhalb der elf Entscheidungskategorien (vgl. Abb. 1.9).

Die Schwerpunkte Finanzen & Struktur gehören zu den Hauptthemen der Wirtschaftsprüfer eines Geschäftsberichts und treten hier auch erwartungsgemäß hervor.

1.9 Presse

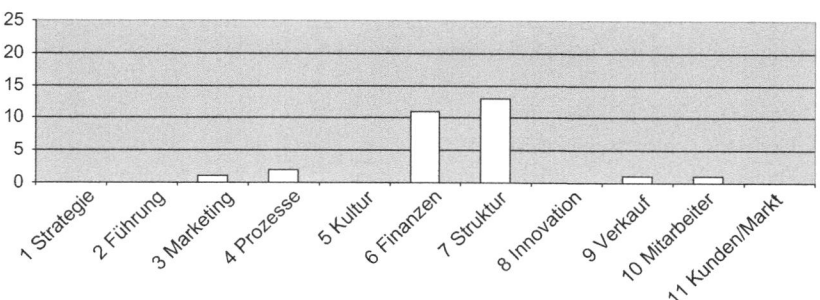

Abb. 1.9 Schwerpunkte

1.9 Presse

Eine Kommentierung der Aussagen im Bericht des Aufsichtsrats und im Vorwort des Vorstands durch die Wirtschaftsprüfer ist nicht Teil ihrer Prüfung. Eine Abstimmung der Aussagen darüber vor ihrer Veröffentlichung dagegen ist eine Selbstverständlichkeit.

Die etwa fünf Aussagen verteilen sich auf Marketing, Prozesse, Verkauf und Mitarbeiter, also keine typischen Bereiche, zu denen sich Wirtschaftsprüfer äußern. Im Mittelpunkt stehen für den Wirtschaftsprüfer dagegen Finanzen und Strukturen.

Der Lagebericht zeigt erwartungsgemäß zwei Schwerpunkte: Finanzen und Strukturen. Eine Kommentierung der Aussagen im *Bericht des Aufsichtsrats*, im *Vorwort des Vorstands* und in der *Corporate Governance* gehört nicht zu den Prüfungsaufgaben eines Wirtschaftsprüfers. Gespräche zwischen Wirtschaftsprüfer, Aufsichtsrat und Vorstand beeinflussen somit auch die Aussagen im Geschäftsbericht. Die hier aufgedeckten Defizite berühren somit auch das Fachgebiet von Wirtschaftsprüfern, die auch in der Regel das Vorwort des Vorstands mit beeinflussen.

Die Presse (vgl. o. V. 2012) bewertet einen Geschäftsbericht und kommt zu folgendem Urteil: *„exzellenter Bericht... überdurchschnittliche Berichterstattung"*.

Die FAZ veröffentlicht den Artikel eines Fachvertreters für *Accounting & Auditing* mit dem Urteil: *„Die Geschäftsberichte werden immer verwirrender"* (vgl. Velte 2015).

Diese Gegenüberstellungen zeigen, dass externe Bewertungen von Geschäftsberichten zu diametral unterschiedlichen Urteilen kommen:

- Presse: „exzellenter Bericht"
- Fachwelt: „verwirrende Berichte"
- Duden: „Bericht = sachliche Wiedergabe eines Geschehens/Sachverhalts"

Folgt man der Definition des Dudens, dann verliert die Bezeichnung „Geschäftsbericht" angesichts der „Freizügigkeit" der Aussagen offenbar ihre Gültigkeit.

Die Analyse eines preisgekrönten Geschäftsberichts mithilfe der elf Entscheidungskategorien zeigt, dass die Feststellung einer allgemein verbreiteten „Beliebigkeit" der Aussagen in Geschäftsberichten zutrifft.

1.10 Vollständigkeit

Die Verteilung der Aussagen des preisgekrönten Geschäftsberichts auf der Grundlage der elf Entscheidungskategorien zeigen Abb. 1.10 und 1.8.

Abb. 1.10 und 1.11 zeigen die einseitige und lückenhafte Verteilung der 80 Aussagen im Geschäftsbericht (Abb. 1.12).

Sphäre	Aussagen		Bereiche	Verteilung
1 Strategie	= 27*			
2 Führung	= 6	34	strategisch	=43 %
3 Marketing	= 1			
4 Prozesse	= 0			
5 Kultur	= 2	13	operativ	= 16 %
6 Finanzen	= 10			
7 Innovation	= 1			
8 Struktur	= 1			
9 Mitarbeiter	= 2	27	taktisch	= 34%
10 Verkauf	= 24			
11 Kunden/Markt = 6		6	extern	= 7%
gesamt	= 80 Aussagen *			= 100 %

* Soll = 297 Aussagen gesamt (27x 11), vgl. Abb. 1.5

Abb. 1.10 Freizügigkeit

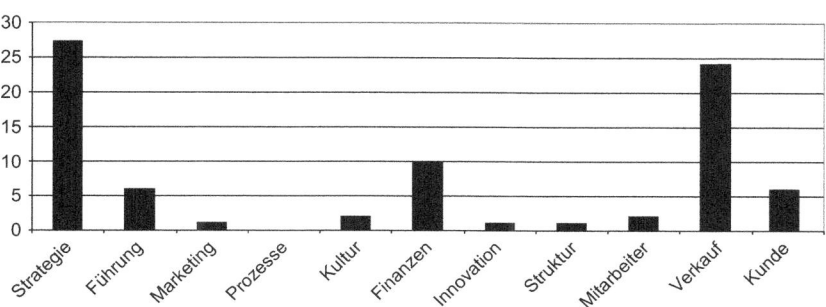

Abb. 1.11 Schwerpunkte

Abb. 1.12 Einseitigkeit

Prozesse	= 0.		
Marketing	= 1		
Innovation	= 1	}	9%
Struktur.	= 1		
Mitarbeiter	= 2		
Kultur	= 2		
Strategie	= 27		
Führung	= 6	}	84%
Finanzen	= 10		
Verkauf	= 24		
Kunden	= 6	}	7%

1.11 Maßstab

Die Prädikate der Jury lauten:

- „exzellenter Bericht"
- „überdurchschnittliche Berichterstattung"
- „bester Geschäftsbericht des Jahres"

Dieses Beispiel ist keine Ausnahme, es passt zur allgemein verbreiteten „Beliebigkeit" von Aussagen in Geschäftsberichten, bei denen es nicht um die Vollständigkeit relevanter Aussagen geht, sondern um eine wortreiche, gestalterisch ansprechende Aufmachung des Geschäftsberichts.

Da sich bereits Unternehmensführungen dieser plakativen Darstellung bedienen, überrascht es nicht, dass bei Preisverleihungen durch die Presse die Aufmachung zählt und nicht der Inhalt. Dieser Trend führt zu der Frage: Welche Ansprüche muss ein Geschäftsbericht erfüllen: Vollständigkeit, Attraktivität oder beides?

Die Antwort kann nur lauteten:

- „Vollständigkeit" im Sinne richtiger Ergebnisse
- „Attraktivität" im Sinne der Aufmachung

Diese Reihenfolge scheint in diesem preisgekrönten Geschäftsbericht nicht erfüllt worden zu sein. Das Urteil ist zugunsten der „Attraktivität" ausgefallen. Solche Geschäftsberichte erklären auch den Trend zu Vorworten mit einem Umfang von über 500 Seiten, die trotz der Fülle von Aussagen unvollständig sind. Diesem Thema widmet sich Beitrag der FAZ (vgl. Velte 2015). Der Verfasser dieses Artikels wählt den Titel: *„Die Berichte werden immer verwirrender"*. Er spricht von *„Ausuferung"* des Umfangs von Geschäftsberichten. Der Text dieses Artikels wird, weil er sich mit Aussagen in Geschäftsberichten befasst, ebenfalls mithilfe der elf Entscheidungskategorien auf seine Schwerpunkte hin analysiert.

Der Artikel umfasst 40 Aussagen, die getrennt nach ihrem Inhalt den elf Entscheidungskategorien zugeordnet wurden (vgl. Abb. 1.13 und 1.14).

Schwerpunkte
Der Autor des Artikels befasst sich in seiner Ausarbeitung mit den für ihn maßgeblichen sechs der elf Entscheidungsbereiche des Unternehmens, von denen 90 % auf vier Entscheidungsbereiche entfallen (Abb. 1.15), und zwar

- Marketing
- Kultur
- Struktur
- Kunde/Markt

Die „Verwirrung" in den Berichten, die der Autor in seinem Artikel herausstellt, wird in ihrem Zusammenwirken genau von diesen *vier Entscheidungskategorien* bestimmt, und zwar:

- das Marketing als „Quelle" aller Informationen,
- die Kultur als „Motiv", so zu handeln,

1.11 Maßstab

Sphäre	Aussagen		Bereiche	Verteilung
1 Strategie	= 1			
2 Führung	= 0	7	strategisch	= 18 %
3 Marketing	= 6			
4 Prozesse	= 0			
5 Kultur	= 7	10	operativ	= 25 %
6 Finanzen	= 0			
7 Innovation	= 3			
8 Struktur	= 12			
9 Mitarbeiter	= 0	12	taktisch	= 30 %
10 Verkauf	= 0			
11 Kunden/Markt	= 11	11	extern	= 27 %
gesamt	**= 40**	**Aussagen**		**= 100 %**

Abb. 1.13 Aussagen

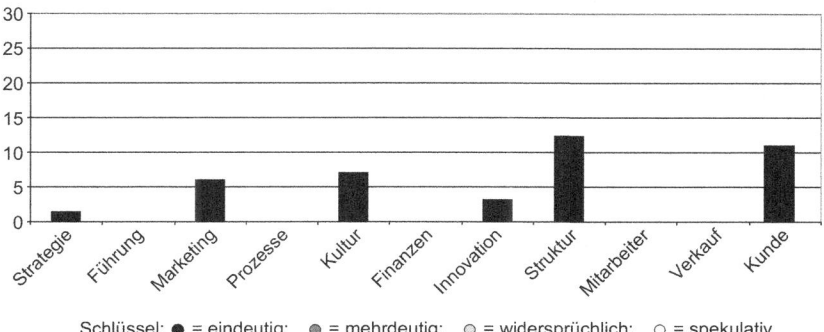

Schlüssel: ● = eindeutig; ● = mehrdeutig; ○ = widersprüchlich; ○ = spekulativ

Abb. 1.14 Schwerpunkte

- die Struktur als „Regel" für das Vorgehen und
- der Kunde/Markt als „Ziel" allen Handelns.

Der Autor hebt zu Recht dieses Zusammenwirken in seinem Artikel hervor. Er führt als Beispiel der „Verwirrung" den Geschäftsbericht der Deutschen Bank 2014 an, der wegen seines Umfangs von 576 Seiten in der Kritik steht.

Sphären	Aussagen	Gewicht	
Marketing	6		
Kultur	7	36	= 90 %
Struktur	12		
Kunde/Markt	11		
Strategie	1		
Führung	0		
Prozesse	0		
Finanzen	0	4	= 10 %
Mitarbeiter	0		
Verkauf	0		
Innovation	3		
Gesamt	40 Aussagen	100 %	

Abb. 1.15 Gewichtung

Fazit

Dieses Kapitel befasste sich mit *Wissen* als Grundlage sachbezogener *Entscheidungen* und Aussagen darüber im Vorwort des Vorstands veröffentlichter Geschäftsberichte von Dax-Unternehmen.

Unterschieden wurde von *Informationen,* die keine Bezüge auf getroffene Entscheidungen besitzen. Sie sind Gegenstand von Untersuchungen in Kap. 2 mit Blick auf die Gefahren durch „Big Data".

Die methodischen Grundlagen zur Untersuchung der Vollständigkeit von Entscheidungen in Unternehmen gehen auf Untersuchungen an der Harvard Universität zurück. Die Ergebnisse zeigen, dass die Vorworte der untersuchten Unternehmen ausnahmslos unvollständig sind.

Es zeigt sich ein zunehmender Trend, die Texte mit einer großen Zahl entscheidungsneutraler Informationen zu vermischen. Die Folge ist, das es dem Leser nicht mehr möglich ist zu erkennen, ob und welche Entscheidungen vorlagen und welche fehlen.

Diese neue Erscheinung hat jedoch, abgesehen von der Nichtlesbarkeit eines Geschäftsberichts, eine gefährliche Kehrseite: Big Data! Auf die Eigenschaften von Informationen und den hieraus entstehenden Nutzen für Großrechner gehen die beiden folgenden Kapitel ein.

Literatur

o. V. (2012). Bester Geschäftsbericht 2012. In Manager Magazin vom 20.09.2012.
Shorris, E. (1980). *A nation of salesmen*. New York: W. W. Nortonb.
Velte, P. (20. Juli 2015). Die Berichte werden immer verwirrender. *Frankfurter Allgemeine Zeitung*.

Irrelevante Informationen 2

2.1 Einführung

Informationen unterscheiden sich von *Wissen* dadurch, dass ihnen inhaltliche Bezüge auf getroffene Entscheidungen fehlen. Diese Eigenschaften erklären auch, weshalb mit ihnen in Geschäftsberichten, besonders im *Vorwort des Vorstands,* so großzügig und auch leichtfertig verfahren wird. Die zunehmende „Anreicherung", das heißt Geschäftsberichte mit *Informationen* zu versehen, ist hierfür eine allgemein feststellbare Erscheinung.

Die Fachwelt dagegen sieht in Informationen „Schmutz" (vgl. Shorris 1980), aus dem, wenn man für ihn am richtigen Ort eine Ordnung herstellt, „Wissen" entsteht. Diese Möglichkeit bieten verborgene Algorithmen, die in Informationen enthalten sind. Sie besitzen Merkmale, die, mit Hilfe von Computern aufbereitet, ungenutzte Entscheidungsmöglichkeiten transparent werden lassen.

Das heißt, sie erlauben es, nach ihrer Auswertung, zukünftiges Entscheidungsverhalten vorherzusagen (vorhersehbar zu machen). Je mehr *Informationen* also vorliegen, desto deutlicher und zuverlässiger wird das zukünftige Entscheidungsverhalten eines Unternehmens erkennbar. Der Vorstand, der im folgenden Beispiel so großzügig sein Vorwort mit Informationen anreichert, erkennt offenbar noch gar nicht die Gefahr, die damit verbunden sein könnte. Auf diese Gefahr und die Möglichkeiten, die gerade umfangreiche *Informationen* im Vorwort des Vorstands bieten, wird in Kap. 3 näher eingegangen.

Sphäre	Informationen	Bereiche	Verteilung	
1 Strategie 2 Führung 3 Marketing	= 6 = 18 = 16	} 40	strategisch }	= 10 % }
4 Prozesse 5 Kultur 6 Finanzen 7 Innovation	= 26 = 32 = 34 = 17	} 109	operativ }	= 28 % } 67%
8 Struktur 9 Mitarbeiter 10 Verkauf	= 89 = 7 = 19	} 115	taktisch }	= 29 %
11 Kunden/Markt		} 129	extern }	= 33 %
Gesamt		393	}	= 100 %

Abb. 2.1 Häufigkeit

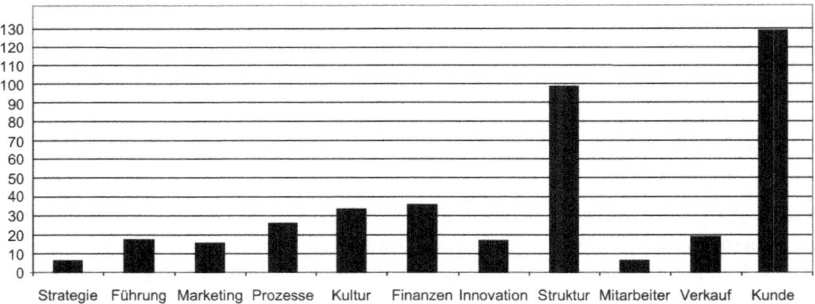

Abb. 2.2 Schwerpunkte

2.2 Beispiel

Das folgende Beispiel soll zeigen, wie bereits ohne die Möglichkeiten, die Big Data besitzt, wertvolle Erkenntnisse aus den reichlich vorhandenen Informationen des hier zugrunde liegenden Geschäftsberichts gewonnen werden können.

Untersucht wird das *Vorwort des Vorstands* eines Dax-notierten Unternehmens. Der Geschäftsbericht 2014 umfasst 505 Sätze, die vermischt sind mit allgemeinen Informationen und Aussagen über tatsächlich getroffene Entscheidungen. Die Trennung des gesamten Textes durch den Analytiker ergibt, dass 393 Informationen ungetrennt vermischt sind mit 112 Aussagen über tatsächlich getroffene Entscheidungen. Diese 393 Informationen wurden über versteckte Merkmale (= Algorithmen) vom Analytiker den elf Entscheidungskategorien (= Sphären) zugeordnet (vgl. Abb. 2.1 und 2.2).

2.3 Auffälligkeiten

Das untersuchte Unternehmen hat aus Sicht des Vorstands mit einem großen internen Problem zu kämpfen, und zwar mit der Struktur. Als Ursache wird hierzu eine Fülle externer Gegebenheiten benannt, und zwar durch die große Säule „Kunde".

Dieser einseitige Schwerpunkt der Informationen bezüglich Kunde kann auch als eine Art Rechtfertigung für die kritische interne Lage gedeutet werden. Man sieht sich bezüglich der Strategie, für die nur sechs Informationen vorliegen, außerstande, die Lage des

Unternehmens zu verändern. Auch die relativ wenigen Informationen zur Führung zeigen, dass man sich offenbar handlungsunfähig diesen Gegebenheiten ausgesetzt sieht.

So kann die hohe Anzahl von 393 Informationen im Vorwort des Vorstands auch als ein Versuch gedeutet werden, die Unabänderlichkeit der Gegebenheiten belegen zu wollen, denen man scheinbar handlungsunfähig gegenübersteht. Solche Deutungen kann der Computer nicht vornehmen. Dagegen kann er aus vielen Algorithmen wahrscheinliche zukünftige Entscheidungen ableiten, die das Unternehmen noch gar nicht erkannt hat.

Fehler, die in Einzelfällen auf sprachlichen Unklarheiten beruhen, das heißt auch über die Semantik nicht deutbar sind, ändern aber am Gesamtbild der Verteilung der Informationen und damit den Deutungsmöglichkeiten wenig.

Vor solchen Problemen stehen auch die Großrechner von Big Data. Die Fülle vorhandener Informationen, die das Unternehmen wohl auch im Geschäftsbericht 2015 bieten wird, ändern am Kern der hier gewonnenen Erkenntnisse wenig.

2.4 Algorithmen

Jede der 393 Informationen enthält mehrere Merkmale, Algorithmen, die ein Computer aufdecken und untereinander verbinden kann, um ein wahrscheinliches Muster zukünftiger Entscheidungen abzuleiten. Vier beliebig ausgewählte Sätze aus den 393 Informationen besitzen Merkmale, die der Computer von Big

Data auswählt und mit anderen Informationen vernetzt, um ein wahrscheinliches, zukünftiges Entscheidungsmuster vorherzusagen.

Hierzu siehe als Beispiel die hervorgehobenen Merkmale:

- „Unsere Marktposition ist Ausdruck der Kundenzufriedenheit."
- „Produkte und Dienstleistungen werden zunehmend in denselben Wirtschaftsregionen produziert und nachgefragt."
- „Die Strategie ist mit den Zielen und daraus abgeleiteten Programmen in der mittelfristigen Planung hinterlegt."
- „Neben dem privaten Konsum nahmen auch die Investitionen kräftig zu".

Mit solchen *Algorithmen,* die zu Tausenden entstehen, werden wahrscheinliche zukünftige Entscheidungen eines Unternehmens nach entsprechender *Aufbereitung* vorhersehbar.

2.5 Analysen

Insbesondere Unternehmen, die, wie in diesem Fallbeispiel, großzügig mit Informationen umgehen, also „Freizügigkeit" bei ihren Aussagen im Vorwort des Vorstands zulassen, schaffen hierdurch die Grundlage dafür, Vorhersagen über ihre zukünftigen Entscheidungen treffen zu können. Hierzu kann auch gehören, abzuwarten, bis der optimale Zeitpunkt vorliegt.

Der Anzahl von 393 Informationen des hier untersuchten Unternehmens lässt durchschnittlich drei bis vier solcher Algorithmen pro Information entstehen und damit bereits über 1000 Algorithmen für nur einen Geschäftsbericht.

Durch die Hinzuziehung weiterer veröffentlichter Texte dieses Unternehmens, unter anderem Zwischenberichte oder Vorträge, steigt die Menge an Algorithmen bereits für ein einzelnes Geschäftsjahr um ein Vielfaches und damit die Verlässlichkeit der Vorhersagen beträchtlich.

Diese Erkenntnisse, übertragen auf den Geschäftsbericht des hier behandelten Unternehmens, das sehr großzügig mit einer Fülle von 393 Informationen umgeht, bietet somit die Aufdeckung einer Reihe von Erkenntnissen über Algorithmen, die ein Computer in Sekundenschnelle aufdeckt. Konkurrenten oder Investoren am Unternehmen bieten solche Erkenntnisse wertvolle Hinweise für gezielte Handlungen.

Der Leser eines solchen Geschäftsberichts dagegen sieht sich außerstande, den gemischten Text von 505 Sätzen, bestehend aus 393 Informationen und 112 Aussagen über tatsächlich getroffene Entscheidungen, trennen, lesen und verstehen zu können.

Beeindruckt von vielen Fotos, die den Fluss des Textes zusätzlich unterbrechen, gewinnt er letztlich Abstand zum Geschäftsbericht und dem *Vorwort des Vorstands* und legt den Geschäftsbericht kaum gelesen und nicht verstanden beiseite.

Die Folge ist: Die „Freizügigkeit" im Umgang mit irrelevanten Informationen verhindert das Erkennen relevanter Aussagen im Vorwort des Vorstands eines Geschäftsberichts.

> **Fazit**
>
> Es zeigt sich ganz allgemein bei den Untersuchungen von Geschäftsberichten, dass Unternehmen mit Problemen Geschäftsberichte mit vielen Informationen und mit wenigen Aussagen über getroffene Entscheidungen versehen.
>
> Konkurrenten, die die Übernahme eines Unternehmens planen, sollten und werden sich vermutlich nicht am Vorwort des Vorstands orientieren, sondern an dem Nichtgesagten in Informationen, mit dem gerade geschwächte Unternehmen so großzügig in ihren Berichten umgehen. Denn Entscheidungen schließen Handlungen ab, Informationen lassen Handlungen offen.
>
> Die Analysen von „Hard Facts", also der Zahlen, Bilanzen, Statistiken, runden also nur das Bild der Vergangenheit ab und sind daher auch nur begrenzt frei verfügbar. Damit aber reduziert sich die Bedeutung des *Vorworts des Vorstands* im Geschäftsbericht auf die Kommentierung durchgeführter Handlungen, also auf die Beschreibung der Vergangenheit.
>
> Die Ausweitung der Geschäftsberichte mit Informationen, die besonders bei problembehafteten Unternehmen hervortritt, bietet dagegen ungewollte, wertvolle Einblicke für Big Data.
>
> Den Verfassern scheinbar „belangloser", umfangreicher Informationen im *Vorwort des Vorstands* eines Geschäftsberichts fehlt vermutlich die Erkenntnis, dass sie mit dieser „Anreicherung" des Vorworts Anzeichen von Schwächen des Unternehmens kommunizieren.
>
> Die Nutzer eines solchen Verhaltens sind Banken, Konkurrenten und Big Data.
>
> Unternehmen oder Investoren, die sich mit der Übernahme eines Unternehmens befassen oder als Kunden den Wechsel des Lieferanten erwägen, sollten wortreiche Geschäftsberichte als ein untrügliches Signal für vorhandene Probleme deuten!

Chancen für Big Data 3

3.1 Einführung

Obwohl das Zeitalter von Big Data bereits viele Bereiche der gesamten Wirtschaft erfasst hat, widmet die deutsche Wirtschaftsliteratur diesem Thema nur mit wenigen Beiträgen ihre Aufmerksamkeit. Die wenigen Veröffentlichungen hierzu sind erst etwa zwei Jahre alt.

Carsten Knop zitiert P. Klingenberg in der FAZ (vgl. Knop 2016):

> Es klingt paradox: Die Unternehmen wollen ihre Kunden immer besser kennenlernen und ihr Angebot auf die Kundenbedürfnisse zuschneiden, haben aber gleichzeitig keine vernünftige Big-Data-Strategie. Sie wissen nicht recht vor oder zurück, weil sie mit dem Thema Neuland betreten. Entsprechend können sie nur einen Bruchteil des vorhandenen Potentials aus den Daten ziehen.

Frank Schirrmacher führt in seinem Buch „EGO: Das Spiel des Lebens" (vgl. Schirrmacher 2013) Literaturhinweise über Big Data von rund 415 Autoren auf, von denen 95 % englischsprachig und nur fünf Prozent deutschsprachig sind. Dieses Verhältnis entspricht auch überwiegend der Nationalität der Autoren, nämlich amerikanisch. Dieses Verhältnis kann sicher auch als ein Zeichen dafür gedeutet werden, wie gering das Interesse der deutschen Wirtschaftswissenschaften am Thema Big Data ist. Der großzügige Umgang mit Informationen in Geschäftsberichten wird kaum kommentiert.

Die scheinbar billigende Haltung der Wirtschaftswissenschaften gegenüber der „Anreicherung" mit Informationen und den daraus resultierenden Gefahren, unter anderem durch Big Data, bleibt weitgehend unkommentiert in ihren wissenschaftlichen Veröffentlichungen. Diese Haltung sollte jedoch für deutsche Banken, denen große Datenmengen über die Geschäftsberichte ihrer Kunden vorliegen, nicht gelten. Da sie aber selbst so eklatant gegen die Gefahren durch exzessive

Informationsanhäufungen in ihren eigenen Geschäftsberichten verstoßen, darf vermutet werden, dass auch sie die Möglichkeiten von Big Data noch nicht erkannt haben.

Die in Kap. 1 gewonnenen Erkenntnisse im Umgang mit Informationen im Geschäftsbericht einer Bank dagegen stützen die Vermutung, dass auch hier die Gefahren der Anhäufung mit Informationen noch nicht erkannt wurden. Banken (Sie) verhalten sich wie ihre industriellen Kunden, indem sie ebenfalls reichlich Informationen Big Data bieten.

3.2 Wissen und Informationen

Kap. 1 und 2, die sich mit den Eigenschaften von Wissen und Informationen befassten und die Vollständigkeit des *Vorworts des Vorstands* in Geschäftsberichten anhand methodischer Grundlagen überprüften, führten zur Aufdeckung einer verbreiteten und zunehmenden Erscheinung: Einem angereicherten Vorwort des Vorstands mit Informationen steht ein Rückgang an Aussagen über Entscheidungen gegenüber.

Diese Erscheinung in Geschäftsberichten hilft also Big Data in doppelter Weise: Der „genutzte" Teil an Wissen ist klein, der „ungenutzte" an Informationen ist groß. Dieses Verhältnis hat zur Folge: Der Leser kann nicht mehr die „Spreu vom Weizen" trennen.

Er sieht sich einem buchähnlichen Textumfang gegenüber, vermischt mit Bildern, wenigen Aussagen und einer Fülle von Informationen. Diese Erscheinung in Geschäftsberichten ist neu und nimmt zu.

Die Motive im Umgang mit Texten in Geschäftsberichten dagegen sind nicht neu: Erfolgreiche Entscheidungen verschweigt man vor der Konkurrenz, schlechte gegenüber den Anteilseignern. Der Gefahr von Nachfragen in Hauptversammlungen durch Aktionäre und Presse wird durch den Umfang der Texte reduziert bzw. voll umgangen. Dieser Trend hat inzwischen zu Geschäftsberichten mit über 500 Seiten, also einem buchähnlichem Format geführt. Die textlichen Arbeiten erledigen oft externe Beratungsfirmen, was zunehmend bereits an der geschäftsfremden Wortwahl erkennbar ist.

3.3 Analyse

Zur Entflechtung solcher Textmischungen wird ein Analytiker benötigt, der Aussagen über Entscheidungen von den Informationen ohne Bezug auf Entscheidungen trennt. Diese Trennung gelingt Computern und somit auch Big-Data nicht, denn Computer beherrschen keine Sprachdeutungen.

Dagegen gelingt es Computern, einzelne Merkmale (= Algorithmen) zu sammeln und sie mit anderen Merkmalen zu kombinieren, die in anderen Algorithmen vorliegen und so wahrscheinliche, spätere Entscheidungen eines Unternehmens vorauszusagen. Je mehr *Informationen* also in Geschäftsberichten vorliegen, desto genauer die Voraussagen über zukünftige Entscheidungen.

Den letzten Schritt einer Zuordnung von Merkmalen, gewonnen aus den Algorithmen, auf die elf Entscheidungskategorien übernimmt der Analytiker. Denn den Sinn einer Aussage zu deuten, beherrscht nur der Mensch, nicht der Computer (vgl. Popper 1979). Der Analytiker dagegen kann Merkmale den elf Entscheidungskategorien zuordnen.

Ein Big-Data-Computer beherrscht diesen letzten Schritt nicht und er benötigt ihn auch nicht, denn Big Data prüft nicht getroffene Entscheidungen, sondern erkennt zukünftige. Die Überprüfung der Vollständigkeit von Entscheidungen mithilfe der elf Entscheidungskategorien zur Erkennung fehlender Entscheidungen erledigen Analysten. Die „Anreicherung" der Geschäftsberichte mit Informationen, dem „Schmutz", ist ein „Angebot" an „Big Data", zukünftige Entscheidungen zu erkennen und zu nutzen.

Die Frage ist: Warum dulden Aufsichtsräte es, dass das Vorwort des Vorstands durch die „Vermischung" mit scheinbar nutzlosen Informationen zur „Fundgrube" für *„Big Data"* wird und damit gleichzeitig für ihre Aktionäre zur „Unlesbarkeit" führt?

Der Aufsichtsrat schafft dem Unternehmen hierdurch zwei Probleme:

- Aktionäre werden nicht erreicht und
- Big Data erhält einen Nutzen!

Für Big Data ist dieses Verhalten der Unternehmen in doppelter Hinsicht nützlich, denn es erkennt geschwächte Unternehmen klar und kann ihre zukünftigen Handlungen durch die Nutzung vieler Informationen genauer voraussagen. Hier wird ein grundsätzlicher Unterschied deutlich: Konkurrenten versuchen heute zu kopieren und morgen zu handeln. Big Data nutzt „Schmutz", den es nicht heute nutzt, sondern übermorgen.

3.4 Erkenntnis

Wissen ist mit seiner Umsetzung für Big Data verbraucht, aber für Konkurrenten, die heute handeln wollen, noch nützlich. Denn sie können erfolgreiche Entscheidungen kopieren und eventuell noch besser nutzen. Das geschieht im Alltag der Unternehmen täglich und wird Konkurrenz genannt.

Diese Erkenntnis erklärt auch die verbreitete Verhaltensphilosophie: Ein ordentlicher Kaufmann prahlt nicht, sondern lässt seine Ergebnisse sprechen. Die zunehmende Tendenz der „Überfrachtung" von Geschäftsberichten mit Informationen erscheint daher dem „ordentlichen Kaufmann", dem Vorstand, als ein unverfängliches Hilfsmittel, Probleme nicht offen ansprechen zu müssen. Dass hierin eventuell eine „Ablenkung" von Problemen erkennbar werden könnte, nimmt er billigend in Kauf. Denn eine informationsverwöhnte Leserschaft deutet umfangreiche Geschäftsberichte auch ungelesen bereits als „vollständig". Für Big Data ist es somit eine Fundgrube, für Aktionäre eine Ablenkung von Problemen.

Die derzeit so beliebte Anreicherung der Geschäftsberichte mit einer Fülle von Informationen bereitet somit den Boden für zukünftige Übernahmeverhandlungen oder verhilft den Konkurrenten und Aktionären solcher Unternehmen zu gezielten Handlungen und Maßnahmen.

Das behandelte Beispiel (vgl. Kap. 2) beruht ausschließlich auf der Nutzung von Merkmalen, die dem Geschäftsbericht des Unternehmens entnommen wurden. Für die Computer von Big Data sind sie eine „Einladung".

3.5 Auffälligkeiten

Das Verhältnis von Aussagen im behandelten Geschäftsbericht zu allgemeinen Informationen hilft Big Data und enttäuscht Anteilseigner.

Die Motive der Verfasser der Textmischung im Geschäftsbericht (vgl. Abb. 3.1) waren vermutlich, eine Ablenkung von Problemen durch die Anreicherung mit „nutzlosen" *Informationen* zu erreichen. Die Empfänger eines solchen Geschäftsberichts ermüden nach einigem anfänglichen Lesen und legen den Geschäftsbericht beiseite. Denn der Leser wäre gezwungen, 505 Aussagen in entscheidungsbezogene Aussagen und entscheidungsneutrale Informationen zu unterteilen.

Abb. 3.1 Einseitigkeit

Aussagen		Informationen
Eigenschaft = rückblickend		= ausblickend
Nutzen umgesetzt		offen
Worte 112		393
Anteil 22%		78%
Sätze insgesamt 112 + 393 = 505 (100%)		

3.5 Auffälligkeiten

Die Leichtfertigkeit im Umgang mit Informationen in diesem Geschäftsbericht zeigt die Gegenüberstellung in Abb. 3.1. Das Ergebnis einer solchen Trennungsarbeit führt zu dem dargestellten Verhältnis von Aussagen zu Informationen. Die Leichtfertigkeit im Umgang mit Informationen wird somit deutlich.

Wissen verliert seine Bedeutung nach seiner Umsetzung durch eine *Entscheidung* zur Erreichung eines Zieles. Wurde das Ziel erreicht, ist die Entscheidung verbraucht, wurde das Ziel nicht erreicht, war sie unbrauchbar. Es entsteht eine Information (= „Schmutz"). Sie enthält Merkmale, Algorithmen, Reste ungenutzten Wissens, die Big Data nach Merkmalen ungenutzten Wissens durchsucht.

Shorris sagt:

> Informationen sind das Werkzeug des Verkäufers, um zu prognostizieren, was in der Zukunft passiert, nicht, was in der Vergangenheit passiert ist, sondern was hätte passieren können (vgl. Shorris 1980).

Informationen in der Wirtschaft sind also Speicher von Merkmalen alten ungenutzten Wissens. Da dieses Wissen verborgen in den Algorithmen der Informationen ruht, sieht Big Data darin seine große Chance, zukünftige Handlungen, die das Unternehmen noch gar nicht erwogen hat, aufzudecken und zu nutzen.

Während sich bei den Aussagen über getroffene Entscheidungen eine Abnahme der Anzahl in Richtung Kunde/Markt bei allen Untersuchungen zeigt, tritt bei den Informationen eine umgekehrte Verteilung auf (vgl. Abb. 2.2). Die Ursachen hierfür liegen unter anderem in der scheinbaren Neutralität der Informationen für Entscheidungen. Mit Informationen geht man daher allgemein und in Geschäftsberichten großzügig um. Man vertraut darauf, dass Informationen keine nachträglichen Deutungen von verborgenem und ungenutztem Wissen zulassen. Das ist ein Fehlschluss!

Das verbreitete Aussageverhalten von Unternehmen in Geschäftsberichten, Lücken in den Handlungsbereichen von der Strategie bis zum Verkauf zu tolerieren (vgl. Kap. 1), hat unter anderem seine Ursache darin, dass man vorhandene Probleme ungern anspricht und sich auch bei der Nutzung von Chancen eher bedeckt hält. Dieses Verhalten wird zusätzlich durch das Vertrauen darauf gestützt, es gäbe keine Methode zur Prüfung der Unvollständigkeit von Entscheidungen und somit auch nicht von Aussagen darüber in Geschäftsberichten. Dieses Vertrauen der Unternehmen auf fehlende Methoden erklärt auch die Überfrachtung der Geschäftsberichte mit scheinbar „neutralen" Informationen.

Der überproportionale Umfang der Informationen ohne Bezug auf Aussagen über getroffene Entscheidungen im *Vorwort des Vorstands* in den Geschäftsberichten Dax-notierter Unternehmen hat den Bereich der Nichtlesbarkeit erreicht und besteht in einer Verharmlosung der Informationen. Die zunehmende „Aufblähung" mit Informationen bietet somit Big Data eine Quelle wertvoller Erkenntnisse über zukünftige Handlungen dieser Unternehmen.

3.6 Fazit

Die beschriebene Fähigkeit von Big Data würde eingeschränkt, wenn Unternehmen sich auf den eigentlichen Zweck eines Geschäftsberichtes beschränkten, nämlich nur über umgesetzte Entscheidungen im Vorwort des Vorstands zu berichten.

Ein solches Verhaltens würde nicht nur die Leser von Geschäftsberichten besser informieren, sondern Big Data weniger Einblicke in das zukünftige Verhalten der Unternehmen bieten.

Dass Big Data auch andere Quellen von Informationen der Unternehmen nutzen kann und nutzt, ist Realität. Aber gerade die Aufblähung von Informationen in Geschäftsberichten ist eine einfach zugängliche, inhaltlich ergiebige und geschäftsrelevante Quelle ungenutzter Entscheidungen.

Literatur

Knop, C. (12. Januar 2016). Im Marketing redet man über Daten, genutzt werden sie nicht. *Frankfurter Allgemeine Zeitung.*
Popper, K. R. (1979). *Objective knowledge.* Oxford: Clarendon Press.
Schirrmacher, F. (2013). *EGO, Das Spiel des Lebens.* München: Blessing.
Shorris, E. (1980). *A nation of salesmen.* New York: W. W. Norton.

Methoden & Deutungen 4

4.1 Einführung

Behandelt werden die methodischen Grundlagen, die in den Kap. 1 bis 3 zur Anwendung kamen. Getrennt wird nach strategischen und einen operativen Abläufen. Deutlich wird, dass eine strategische Entscheidung, die durch die Führung (= 2) ausgelöst wird, alle Entscheidungskategorien erfasst.

Demgegenüber erfasst eine taktische Entscheidung, ebenfalls von der Führung (= 2) getroffen, nur drei interne Entscheidungskategorien, und zwar: Marketing (= 3), Finanzen (= 6) und Verkauf (= 10), bevor die Entscheidung den externen Bereich des Unternehmens erreicht, nämlich den Kunden/Markt (= 11).

Die Ordnung folgt hierarchisch dem Entscheidungsablauf von der Führung (= 2) bis zum Verkauf (= 10), der Schnittstelle zum Kunden/Markt (= 11). Inhaltlich orientiert sich der Entscheidungsablauf an den Merkmalen (= 3 bis 10) und folgt schrittweise den Zonen: strategisch, operativ und taktisch. Es besteht jedoch stets ein Bezug auf die Strategie (= 1).

Es gibt keine isolierten Einzelentscheidungen in Unternehmen. Jede Entscheidung hat einen Bezug zur Strategie und vernetzt sich mit umliegenden Sphären bis zum Kunden/Markt.

Entscheidungsinhalte
Beispiele:

a) strategisch (Abb. 4.2): „Produktänderung" an denen alle Entscheidungskategorien beteiligt sind: 1 bis 11
b) taktisch (Abb. 4.3): „Rabatt"- Maßnahme, sie geht auf kurzem Wege zum Kunden = 2 bis 11

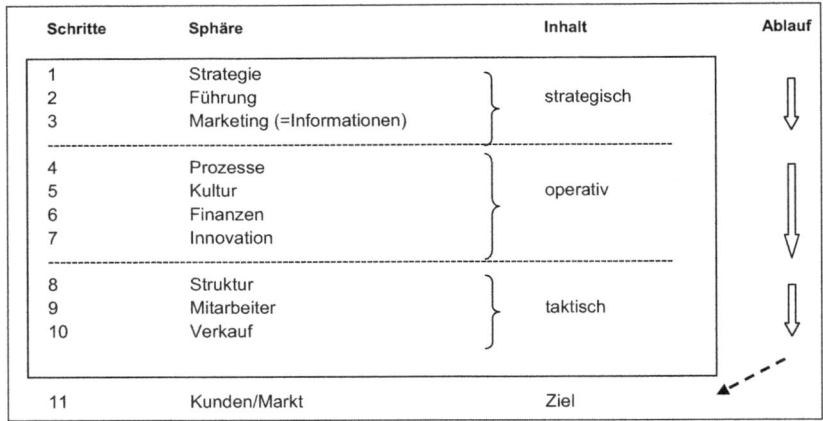

Abb. 4.1 Entscheidungsablauf

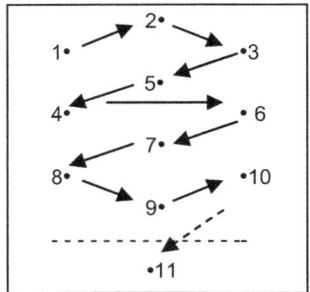

Abb. 4.2 Entscheidungsablauf (strategisch)

Abb. 4.1 trennt den Entscheidungsprozess in zwei Ebenen: strategisch und operativ. Wichtiges Merkmal ist hier, dass die Führung (= 2) den Input der operativen Stufen (= B + C) benötigt, um ihre Ziele mit praktischen Erkenntnissen aus den Entscheidungskategorien Marketing (= 3) bis Verkauf (= 10) anzureichern (vgl. Abb. 4.4).

Folgende Erkenntnisse werden gewonnen:

4.1 Einführung

Abb. 4.3 Vernetzungen (taktisch)

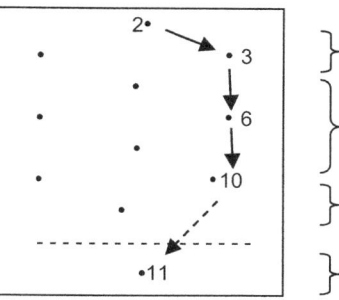

Abb. 4.4 Handlungen (Stufen)

- Es gibt keine Entscheidungen ohne Nebenwirkungen. Der Umfang der Nebenwirkungen hängt grundsätzlich davon ab, ob eine Entscheidung „strategischen" oder „taktischen" Inhalts ist. Denn ein Unternehmen reagiert ähnlich wie ein „Organismus".
- Ein lückenhafter Entscheidungsprozess zwingt den Entscheider zu Nachbesserungen; denn erfolgen keine, entstehen Verluste oder Reklamationen.
- Das Vorwort des Vorstands in einem veröffentlichten Geschäftsbericht über getroffene Entscheidungen kann also nur Lücken aufweisen, wenn bereits unvollständig entschieden oder berichtet wurde.
- Einer der Gründe liegt offensichtlich im methodischen Bereich, denn Unternehmen fehlt, was viele Untersuchungen zeigen, der Maßstab zur Überprüfung der Vollständigkeit von Entscheidungen.

4.2 Handlungen

Unternehmensprozesse sind permanent instabil. Sie erfordern, trotz bester Planungen, häufige, korrigierende Eingriffe. Diese bekannten Gegebenheiten haben häufig zur Folge, dass eine Planung bereits kurz nach ihrer Fertigstellung obsolet ist und „archiviert" wird. Sie besitzt nicht selten Merkmale einer „Übung" und weniger den Glauben an ihre Nützlichkeit.

Unsere empirischen Untersuchungen zeigen (siehe hierzu Beispiele in diesem Buch), dass Unternehmen ohne Ausnahmen keinen Maßstab zur Überprüfung der Vollständigkeit ihrer Entscheidungen bereits zum Zeitpunkt der Erstellung ihrer Planung anwenden, denn sie besitzen keinen. Dieser Mangel wird fortgeschrieben und erklärt wesentlich die extremen

Defizite, die auch bei allen unseren Untersuchungen von Geschäftsberichten auftraten. Wie aber lässt sich der Umfang ständiger Korrekturen durch nachträgliche Eingriffe reduzieren, indem vermeidbare Lücken bereits in der Planung transparent werden?

Abb. 4.5 trennt zwischen *strategischen* und *operativen* Erkenntnissen, die sich aus dem abgelaufenen Geschäftsjahr ergeben haben und zur Grundlage der neuen Planung werden. Neu ist die Zuordnung operativer Erkenntnisse auf die Entscheidungskategorien 3 bis 10.

Dieses Vorgehen unterscheidet sich grundlegend von den üblichen Inputs zur Planung durch die operativen Bereiche, indem sie nach ihren Inhalten geordnet und so den Kategorien 3 bis 10 zugeordnet werden können. Hierdurch werden zwei bedeutende Voraussetzungen erfüllt: Vollständigkeit und inhaltliche Zuordnung. Dieser Teil fehlt in der Praxis in aller Regel. Ergänzungsvorschläge für eine neue Planung werden oft spontan, ohne eine Zuordnung auf die operativen Steuerungsbereiche 3 bis 10, abgegeben.

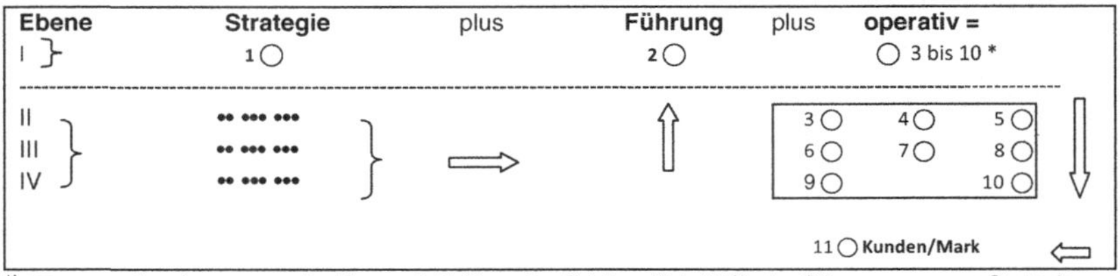

*) ••• = operative Anregungen der Ebenen II, III, IV zu den Sphären 3 bis 10 für die *Führung* zur neuen Strategie.

Abb. 4.5 Planung

4.3 Vollständigkeit

In der Praxis ist die Einbeziehung der operativen Ebenen II bis IV üblich. Was aber den meisten Unternehmen fehlt, ist das hier verwendete „Ordnungssystem" im Sinne der elf Entscheidungskategorien. Der Zwang, jede operative Ergänzung einer der Kategorien zuzuordnen, lässt sofort Lücken in Erscheinung treten, wenn diese Ergänzung fehlt.

Alle bisherigen empirischen Untersuchungen der Geschäftsberichte Dax-notierter Unternehmen zeigen erhebliche Lücken bei Aussagen im Vorwort des Vorstands. Diese Lücken werden erst sichtbar, wenn der Leser sich die Mühe macht, Texte, die zum Teil auf über 500 Seiten verteilt sind, nach Aussagen über getroffene Entscheidungen zu durchsuchen.

Der Leser stößt schließlich auf die Erkenntnis: Je umfangreicher das Vorwort des Vorstands, je mehr allgemeine Informationen also vermischt sind, desto größer der Verdacht, dass das Unternehmen hat ein Problem!

Alle unsere Untersuchungen zeigen, dass Planungen, Entscheidungen und letztlich Aussagen darüber in Geschäftsberichten zwar wortreich, aber unvollständig sind. Auffällig dabei ist die „Aufblähung" mit irrelevanten Informationen, denen keine Bezüge auf Entscheidungen zugrunde liegen.

Eine strategische Entscheidung kann nachträglich eingebracht werden, löst aber vielfache Veränderungen aus, da sie alle neun Entscheidungskategorien durch die Vernetzung mit verändert. Diese Veränderungen bleiben aber verborgen, wenn nicht die elf Entscheidungskategorien Grundlage der Unternehmensentscheidungen sind.

Die Folge ist, es wird so nur ein *punktueller, statt vernetzter* Einblick sichtbar. Dagegen beeinflusst eine fehlende *taktische* Entscheidung nur einzelne Entscheidungskategorien im marktnahen Bereich, das heißt, ihre Veränderungen sind überschaubar und leichter korrigierbar.

4.4 Semantik

Die Semantik hilft dem Analysten, die Beziehungen zwischen *Zeichen* (Wörter, Sätze) und ihrer *Bedeutung* zu erkennen, das heißt, sie den elf Entscheidungskategorien zuzuordnen.

Die *Pragmatik* hilft ihm, die Beziehung zum Leser des Geschäftsberichts zu erkennen.

▶ Begriffe und Definitionen nach Popper (vgl. Popper 1979) und Gödel (vgl. Gödel 1979), die dem Analysten helfen zu unterscheiden:

- **Wissen** =: Knowledge, consists of information received through our senses: that is by „experience".
- **Meta language** = „A grammar of a German language, written in English, uses English as a *meta language* in order to talk about German".
- **Statement** = Information *ohne* Entscheidungsbezug. Beispiel: „Unser Wachstum wird sich fortsetzen."
- **Facts** = Aussagen *mit* Entscheidungsbezug. Beispiel: *„Unser Wachstum ist die Folge der Preissenkung."* oder: *„Unser Patentschutz verhindert Nachahmer."*

Umfangreiche Fließtexte werden mithilfe des Computers nur numerisch (= 1, 2, 3, ...) geordnet, nicht inhaltlich aufgelistet.

Dieser erste Schritt erleichtert es dem Analytiker, jeden Einzelsatz zunächst isoliert zu deuten und ihn einer der elf Entscheidungskategorien zuzuordnen.

Der Versuch, dem Computer Suchbegriffe, die auf Entscheidungskategorien passen, vorzugeben, um so eine Listung der Aussagen nach ihrem Inhalt zu erreichen, scheitert. Hierzu sind Algorithmen auf *Meta-Ebenen* erforderlich.

4.5 Deutung

Nur Analytiker, erfahren in der Wirtschaftssprache, gelingt die Deutung. Sie können klare und unklare Aussagen erkennen und sie wie folgt klassifizieren (Abb. 4.6):

- A = eindeutig
- B = mehrdeutig
- C = widersprüchlich
- D = spekulativ

Das Balkendiagramm (Abb. 4.7) visualisiert in den *schwarzen* Säulen *„eindeutige"* Aussagen. Das sind 62 Aussagen, also nur 57 % aller Aussagen. Die übrigen 43 % (= 46) Aussagen verteilen sich auf die Kategorien B bis D, die nicht verwertbar sind, weil sie entweder *mehrdeutig, widersprüchlich* oder *spekulativ* sind.

4.5 Deutung

Sphäre	Aussagen		Bereiche		Deutung* A	B	C	D
1 Strategie	18				11	2	0	5
2 Führung	11	} 39	strategisch	} 36%	4	4	0	3
3 Marketing	10				6	0	0	4
4 Prozesse	3				1	1	0	1
5 Kultur	14				7	3	0	4
6 Finanzen	5	} 31	operativ	} 29%	3	2	0	0
7 Innovation	9				5	2	0	2
8 Struktur	29				20	5	0	4
9 Mitarbeiter	6	} 38	taktisch	} 35%	2	0	0	4
10 Verkauf	3				3	0	0	0
11 Kunden/Markt		} 0	extern	} 0%	0	0	0	0
Aussagen ges.	108			100%	62	19	0	27
					57 %	18 %	0 %	25 %

* Schlüssel.: **A**= eindeutig, **B**= mehrdeutig, **C**= widersprüchlich, **D** = spekulativ

Abb. 4.6 Deutung

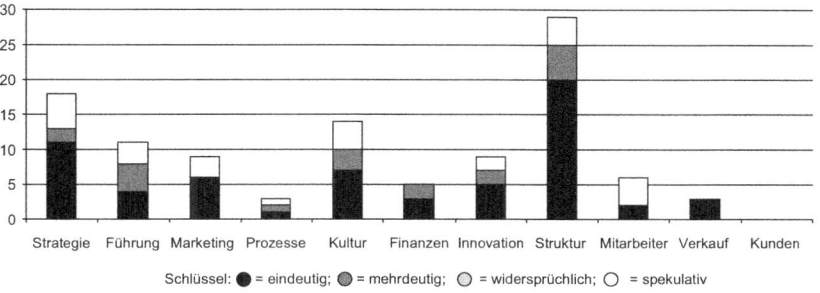

Abb. 4.7 Verteilung

Das Vorwort des Vorstands zeigt also mehrere Schwächen. Es ist unter anderem unvollständig, weil keine Aussagen zum „Kunden" getroffen wurden und es nur 57 % verwertbare Aussagen enthält.

Der Analytiker gewinnt diesen Einblick erst, wenn er zunächst den gesamten Text des *Vorworts des Vorstands* von einer großen Anzahl allgemeiner Informationen trennt, die keinen Bezug auf getroffene Entscheidungen enthalten.

Da Computer keine Sprachdeutungen beherrschen, also weder die Zuordnung auf die elf Entscheidungskategorien vornehmen können, noch „entscheidungsneutrale" Merkmale erkennen können, bleibt dem interessierten Leser der Einblick in die Qualität getroffener

Aussagen im Geschäftsbericht verschlossen, es sei denn, er unterzieht sich der Mühe, Entscheidungen von Informationen zu trennen.

Es kann davon ausgegangen werden, dass „aufgeblähte" Geschäftsberichte im Umfang von mehreren hundert Seiten des *Vorworts des Vorstands* bereits ein untrügliches Anzeichen dafür sind, dass diese Unternehmen Probleme verbergen wollen, was ihnen auch gelingt, da Leser die hier behandelten Schritte und Analysen zur Aufdeckung der Mängel nicht vollziehen.

4.6 Marketing

Anhand einer Preiserhöhung wird die Funktion und Wirkungsweise der Sphäre 3 = Marketing erklärt. Sie verbreitet nur Informationen über getroffene Entscheidungen.

Die Entscheidung „Preiserhöhung", ausgehend von der Sphäre 1 = Strategie, geht über die Sphäre 2 = Führung an die Sphäre 3 = Marketing. Hier wird sie zur Information für die Sphäre 6 = Finanzen, die Sphäre 10 = Verkauf und die Sphäre 11 = Kunde/Markt.

Intern, im Unternehmen, verbreitet sie sich als Information für alle unbeteiligten Entscheidungskategorien = 3 bis 9. Sie löst auf diesem Weg keine zusätzlichen Handlungen aus, sondern informiert nur. Die Sphäre Marketing verbreitet also nur die Informationen nach innen und außen.

4.7 Computer

Die folgenden Merkmale passen grob zu einzelnen Entscheidungskategorien (= Sphären). Da Computer keine Sprachdeutungen beherrschen, muss der Analytiker über die *Semantik* solche Stichworte deuten und zuordnen, denn sie passen auf mehrere der elf Kategorien.

1 Strategie
Visionen, Strategien, Vorhaben, Planung, Konzepte, Ziele, Finanzziele, Rentabilitätsziele, Wachstumsziele, Pläne, Strukturänderungen …

4.7 Computer

2 Führung
Vorgaben, Zielvorgaben, Verhandlungen, Maßnahmen, Entscheidungen, Steuerungen, Leitung, Beurteilungen, Personalauswahl, Einstellungen, Beförderungen, Entlassungen, Investitionen, Leistungsanreize, Festlegungen von Gehältern, Löhne, Boni, Tantiemen, Vorgaben, Delegationen, Kundenkontakte, Rechtsstreitigkeiten, Kapitalbeschaffung, Strukturvorgaben, Anweisungen …

3 Marketing
Informationen, Reporting, Meetings, Besprechungen, Berichte, Mitteilungen, Analysen, Reports, Geschäftsberichte, Broschüren, Bilanzen, G&V, Werbung, PR, Messen, Presse, Vorträge, Bilanzbesprechungen, Hauptversammlungen, Mitgliedschaften, Reklame, Veröffentlichungen, Verbände, Vorworte in Geschäftsberichten, Berichte des Aufsichtsrats, Lageberichte, WP-Testate, Controlling, Vortragende, Unternehmenszeitschrift, Firmenlogo, Marken, Erscheinungsbild, …

4 Prozesse
Produktion, Dienstleistung, Kapazitäten, Herstellung, Verfahren, Abläufe, Organisation, Qualitäten, Sicherheit, Schichten, Technik, Auslieferung, Fuhrpark, Lager, Prozessabläufe, Einkauf, Hilfsdienste, Technologien, Kontrollen, Lieferungen, Reklamationen, Fertigung, Produktion, Überstunden, Auslastung …

5 Kultur
Betriebsklima, Stimmung, Motivation, Zufriedenheit, Fairness, Image, Ruf, Modernität, Tradition, Mitbestimmung, Wechselhäufigkeit, Unternehmensimage, Ethik, Unternehmenskultur, Internationalität, Erscheinungsbild, Fairness, Spenden, Ausländeranteil, Karrierechancen, Unterstützungen, Pensionäre, Mitarbeiterveranstaltungen, Frauenquote, Klima, Förderung öffentlicher Einrichtungen, Unternehmensklima, …

6 Finanzen
Kosten, Renditeziele, Umsatzrendite, Mittelverwendung, Banken, Controlling, Vorgaben, Budgets, Bewertungen, Zinsen, Kapital, Boni, Geldgeber, Umsätze, Wachstum, Fremdkapital, Vorzugsaktien, Bankkonditionen, Patentgebühren, Lizenzeinnahmen, Profit, Cash, Liquidität, Rentabilität, Kosten, Verluste, Gewinne, ...

7 Innovation
Verbesserungen, Ideen, neue Verfahren, Produkte, Straffungen, Erfindungen, Technologievorteile, Effektivität, Kostenvorteile, Strukturverbesserungen, Neuigkeiten, neue Technologien, neue Produkte, Veränderungen, Produktideen,...

8 Struktur
Verträge, Reglungen, Vereinbarungen, Arbeitsverträge, Löhne, Gehälter, Tantiemen, Beteiligungen, Vollmachten, Standorte, Werke, Schließungen, Rechtsformen, Lizenzen, Markenrechte, Patente, Schutzrechte, Abgrenzungen, Organisation, Zuständigkeiten, Büros, Werke, Niederlassungen, Vertriebswege, Geschäftsbereiche, Arbeitszeiten, Schichten, Überstunden, Betriebsrat, Betriebsversammlungen, Aufsichtsräte, Gesellschafter, Geldgeber, Auslandsvertretungen, Rechtsschutz, Mitgliedschaften, Hauptversammlung, Rechtsform, Vorstände, Geschäftsführungen, Beraterverträge, Schulungen, Altersversorgung, Pensionsfonds, F&E, R&D, Niederlassungen, Stäbe, Bankverbindungen, Reporting, Vorschlagswesen, Arbeitnehmervertretung, ...

9 Mitarbeiter
Qualifikation, Alter, Zugehörigkeit, Mobilität, Wechselhäufigkeit, Sprachen, Erfahrungen, Zugehörigkeit, Altersstruktur, Ausbildung, Mitarbeiterzahl, Flexibilität, Treue, Internationalität, ...

10 Verkauf
Kundenkontakte, Kundennähe, Kundenstruktur, Reklamationsbearbeitung, Preisverhandlungen, Boni, Rabatte, Service, Verkaufsauftritt, Produkte, Marken, Besuchshäufigkeiten, Dienstleistungen, Angebote, Marktanteile, Marktposition, Geschäftsbeziehungen, Kundenzufriedenheit, Internationalität, Stärken, Schwächen ...

11 Kunden/Markt
Marktattraktivität, Marktposition, Märkte, Wettbewerb, Konkurrenz, Kundentreue, Kunden, Kundenbindung, Kundenwachstum, Kundenwünsche, Wertschöpfung, Preise, Wachstum, Wachstumsmärkte, Marktwachstum, Reklamationen...

4.8 Steuerung

Die Steuerung von Unternehmungen jeder Art durch Entscheidungen erfordert zur Vermeidung von Lücken einen inhaltlichen Ablauf von Entscheidungen in drei Stufen, und zwar von der Übernahme eines Konkurrenzunternehmens bis zur Urlaubsplanung einer Familie: strategisch, operativ, taktisch.

Diese Stufen sind unverzichtbar, da ihre Reihenfolge bewusst oder unbewusst den Handlungen zur Erreichung eines Zieles dient und Vollständigkeit sichert. In der Praxis gibt es jedoch auch Situationen, in denen *spontane* Handlungen, also Entscheidungen, nötig sind, weil sich unerwartete Gelegenheiten bieten. Sie reichen vom Kauf eines Konkurrenzunternehmens bis zur ungeplanten Urlaubsreise, weil gerade beste Skiverhältnisse herrschen und Hotelbuchungen verloren gehen können.

Auch hier findet beim Entscheider (Vorstand oder Familie) der gleiche, stufenweise Ablauf statt, und zwar Fragen wie diese:

- Passt die Gelegenheit überhaupt? (strategisch)
- Wie muss damit umgegangen werden? (operativ)
- Was sollte möglichst zügig getan werden? (taktisch)

Das Hauptmerkmal ist also: Es muss *schnell* und *gründlich* geprüft werden, da sonst die „Gelegenheit" vertan ist. Jedes große Vorhaben eines Unternehmens oder die Wahrnehmung einer plötzlichen Gelegenheit folgt also stets, bewusst oder unbewusst, den *zehn* internen Abwägungen, und zwar unabhängig davon, ob sofort oder demnächst entschieden werden muss. Der Vorstand eines Unternehmens folgt also den obigen elf Entscheidungskategorien, indem er folgende Fragen stellen könnte:

Frage	Kategorie	Nr.
• Passt die Übernahme zu unseren Zielen?	= Strategie	(1)
• Beherrschen wir die notwendigen Entscheidungen?	= Führung	(2)
• Wen müssen wir informieren?	= Marketing	(3)
• Wie passt die Chance zu unseren Abläufen?	= Prozess	(4)
• Gibt es ethische Bedenken?	= Kultur	(5)
• Welche finanziellen Belastungen entstehen?	= Finanzen	(6)
• Erreichen wir einen innovativen Vorteil?	= Innovation	(7)
• Passen wir strukturell zusammen?	= Struktur	(8)
• Was bedeutet die Übernahme für unsere Mitarbeiter?	= Mitarbeiter	(9)
• Gibt es im Verkauf Synergien?	= Verkauf	(10)
• Kennen wir uns im neuen Markt aus?	= Markt	(11)

Das Beispiel zeigt Fragen, die in der Realität umfangreicher gestellt werden. Sie nehmen aber immer Bezug auf den spezifischen Inhalt jeder der *elf Entscheidungskategorien*. Fehlen Fragen zu Kategorien, fehlen Antworten, sodass gegebenenfalls unvollständige Entscheidungen getroffen werden. Solche Lücken können bei der Umsetzung zu ungeplanten Kosten führen bis hin zu der Erkenntnis, eine falsche Entscheidung bezüglich der Übernahme des Unternehmens getroffen zu haben.

4.9 Visualisierung

Die Möglichkeit, alle Fragen und getroffenen Entscheidungen zu visualisieren, deckt Lücken auf und reduziert die Gefahr von Fehlentscheidungen. Das Protokoll über das Erstgespräch zur eventuellen Übernahme eines Unternehmens zeigt die in Abb. 4.8 dargestellte Verteilung der behandelten Fragen (die Angaben wurden zur Vertraulichkeit verändert, ohne dass die Struktur des Protokolls verloren ging).

Es ist bei dieser Darstellung des Protokolls unwichtig, die Anzahl behandelter Fragen und deren Inhalt zu kennen.

Für den unbeteiligten Leser des Protokolls stellen sich folgende Fragen, zum Beispiel:

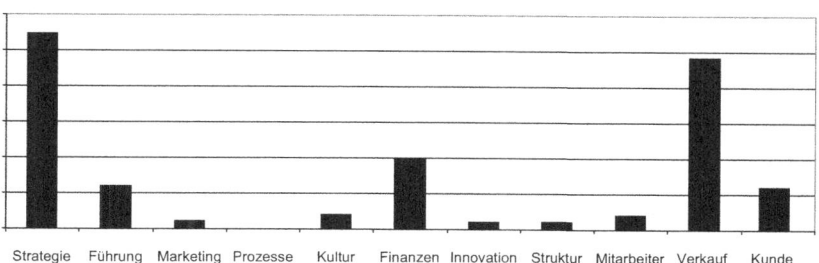

Abb. 4.8 Protokolltext

- fehlende Fragen zu „**Prozessen**"
- wenige Fragen zu: „**Innovation**", „**Struktur**"
- viele Fragen zu: „**Strategie**", „**Verkauf**"

Die verhältnismäßig hohe Anzahl an Fragen zur „Strategie" fällt auf, weil es sich hier doch um das Gespräch der möglichen Übernahme eines Unternehmens handelt, also strategische Überlegungen nach der Übernahme eigentlich nur noch das Management des Übernehmers interessieren sollten. So lassen sich für Vorstände komplexe Protokolltexte visualisieren, die hunderte von Aussagen umfassen, um die Vollständigkeit behandelter Themen zu prüfen. Diesem Protokolltext lagen über 100 Aussagen, verteilt auf über 20 Seiten, zugrunde.

4.10 Analytiker

Ein Analytiker, der zum Beispiel das Vorwort des Vorstands in einem veröffentlichten Geschäftsbericht auf seine Vollständigkeit in Bezug auf Aussagen über getroffene Entscheidungen prüft, muss zwei qualitative Voraussetzungen erfüllen. Er muss über Managementerfahrung und Methodenerfahrung verfügen.

Die Managementerfahrung ist nötig, weil er als Analytiker imstande sein muss, sich in einem Direktkontakt mit dem Vorstand, fundiert schriftlich und mündlich über *unscharfe, widersprüchliche* oder *unvollständige* Teile seines Vorworts zu äußern. Es reicht also nicht, nur die analytische Seite zu betonen, sondern auch die inhaltlich-sprachliche, die sehr viel komplexer ist. Diese Erfahrung des Analytikers muss also bereits bei konkreten Anwendungen gewonnen worden sein. Denn qualitativ-sprachliche Analysen sind komplexer als quantitative.

Ihm muss auch bekannt sein, dass sich aufgrund der Vernetzung der Entscheidungen innerhalb der elf Entscheidungskategorien Wiederholungen, Widersprüchlichkeiten und Unvollständigkeiten über mehrere Entscheidungskategorien fortsetzen. Das heißt, dass das Unternehmen an mehreren Stellen „krankt".

Diese Anforderung an die Qualifikation des Analytikers erfordert es, dass bei Sprachanalysen, die von Computern nicht beherrscht werden, nur erfahrene Seniorberater zum Einsatz kommen.

Erfahrungen zeigen, dass es auch bei der Erfüllung dieser Ansprüche zu unterschiedlichen Auslegungen von Texten kommen kann. Hier hilft nur, entweder einen neutralen Dritten mit einzubeziehen oder die Deutung des Auftraggebers zu akzeptieren.

An diesem Beispiel wird deutlich, wie komplex Unternehmensentscheidungen und deren Auslegungen sein können, und es nicht immer nur eine Aussagedeutung geben kann. Der Analyst muss hier flexibel sein.

4.11 Mehrdeutigkeit

Die Deutung einer Aussage, zum Beispiel im Vorwort des Vorstands eines Geschäftsberichts, beherrschen Computer nicht. Selbst das Management oder Sprachanalytiker steht gelegentlich vor der Frage, was der Sinngehalt einer Aussage ist. So kann die Heranziehung mehrerer Urteilender zu unterschiedlichen Auslegungen führen (vgl. Abschn. 4.6), und zwar A bis D:

- A = eindeutig
- B = mehrdeutig
- C = widersprüchlich
- D = spekulativ

Das Bewertungsbeispiel (vgl. Abschn. 4.6) zeigt, dass nur 57 % Übereinstimmung erreicht wurde. Diese Klassifizierungen helfen, wenn Analytiker ihre Auslegungen untereinander begründen sollen und die Wortwahl ändern, wodurch in der Regel Eindeutigkeit erreicht werden kann. Eine endgültige Einigung ist aber auch hierdurch nicht in allen Fällen erreichbar.

Angesichts solcher Grenzen könnte die Frage nach dem Wert der Untersuchungen über die Vollständigkeit von Aussagen im Vorwort des Vorstands von Geschäftsberichten an sich gestellt werden.

Da aber der Bewertung nur Aussagen der Kategorie A zugrunde liegen, das heißt eindeutige Aussagen, liefert ihre inhaltliche Zuordnung auf jeweils eine der elf Entscheidungskategorien ein hinreichend verlässliches Abbild des Aussageverhaltens eines Vorstands in seinem Geschäftsbericht.

4.12 Fremdsprachen

Untersucht wurde der Geschäftsbericht 2012 des Unternehmens *Google*, das an der Nasdaq, New York, gelistet ist. Gewertet wurden 63 Aussagen aus einem Gesamttext von 482 Sätzen. Ihre Verteilung zeigen Abb. 4.9, 4.10 und 4.11.

Die 63 entscheidungsbezogenen Aussagen wurden dem gesamten Text, bestehend aus 482 einzelnen Sätzen, vom Analytiker durch Deutung jedes einzelnen Satzes entnommen. Der Einsatz von Computern entfällt, da sie keine Sprachdeutungen beherrschen.

Auffälligkeiten
Die Tabellen zeigen sich folgende Merkmale:

- Es gibt keine Aussagelücken.
- Strategische (43 %) und taktische Bereiche (34 %) dominieren.
- Operative Bereiche sind unterrepräsentiert (16 %).
- Der kundenbezogene Bereich ist ausgewogen (10 %).
- Die 63 Gesamtaussagen liegen unterhalb des Solls von 72.

Bereich	Aussagen			Gewicht
1 Strategie	= 10			
2 Führung	= 13	= 27	strategisch	= 43 %
3 Marketing	= 4			
4 Prozesse	= 3			
5 Kultur	= 2			
6 Finanz	= 1	= 8	operativ	= 13 %
7 Innovation	= 2			
8 Struktur	= 7			
9 Mitarbeiter	= 1	= 21	taktisch	= 34 %
10 Verkauf	= 13			
11 Kunden/Markt	= 6	= 6	extern	= 10 %
gesamt	= 62 Aussagen			= 100 %

Abb. 4.9 Aussagen

Bereich	Aussagen		Gewicht
2 Führung = 13 10 Verkauf = 11 1 Strategie = 8 8 Struktur = 7	= 39		= 70 %
3 Marketing = 6 7 Innovation = 4 4 Prozesse = 3	= 13		= 23 %
5 Kultur = 2 6 Finanz = 1 9 Mitarbeiter = 1	= 4		= 7 %
Gesamt intern	= 56		= 100 %

Abb. 4.11 Schwerpunkte

Abb. 4.11 zeigt die interne Verteilung der Aussagen nach Schwerpunkten. Auffällig ist, dass sich das Unternehmen 70 % der Aussagen auf nur vier von zehn internen Themen zur Steuerung des Unternehmens befasst.

Textdeutungen
Die Anfangsziffer verweist auf die gewertete Aussage im Originaltext, die Endziffer auf die Deutung der Aussage bezogen auf die Entscheidungskategorie. Der gesamte Text besteht aus 482 Aussagen.

Schlüssel :	○ = Entscheidungs – Kategorie.
Inhalt: 1	= Strategie 2 = Führung 3 = Marketing 4 = Prozesse 5 = Kultur 6 = Finanzen
	7 = Innovation 8 = Struktur 9 = Mitarbeiter 10 = Verkauf 11= Kunde/Markt

47 We launched Google Play, an entirely cloud-based, digital entertainment destination with more than 700,000 apps and games plus music, movies and books that our users can find, enjoy and share on the web and on their Android phone or tablet Social—„Growing the + and shipping the Google". ○3

49 In 2011, we launched Google+, a new way to share online just like users do in the real world, sharing different things with different people. ○1

4.12 Fremdsprachen

50 In late 2011 and continuing in 2012, we have tightened integration between Google+ and our other Google properties, such as Gmail and YouTube and now have 235 Mio. active users across our Google properties. ○1

49 We launched a powerful new tablet in June 2012 with a vibrant, 7″ high-definition display. The Tegra-3 chipset, with a quad-core CPU and 12-core GPU, makes everything, including games, extremely fast. ○1

52 And at only 340 grams, lighter than most tablets, Nexus 7 was built to bring users the best of Google that can be held in the palm of the user's hand. ○1

50 We introduced Google Now, a predictive search feature that gets you just the right information at just the right time. ○1

54 It tells you the day's weather before you start your day, how much traffic to expect before you leave for work or school, when the next train will arrive as you're standing on the platform, or your favorite team's score while they're playing – all automatically with cards appearing throughout the day at the moment you need them. ○1

51 Google's Knowledge Graph, introduced in 2012, enables the user to search for things, people or places that Google knows about – landmarks, celebrities, cities, sports teams, buildings, geographical features, movies, works of arts and more – and enhances Google Search by understanding the ambiguities in language and by better understanding a user's query. ○1

52 On December 19, 2012, Google and Arris announced that Motorola Mobility had entered into an agreement (Motorola Agreement) with Arris and certain other persons providing for the disposition of the Home business for total consideration of approximately $ 2.35 billion in cash and common stock, subject to certain adjustments. ○1

60 In January 2013, the FTC closed its investigations into our business practices, including search and advertising. In connection with the closing of the investigation, we have voluntarily agreed to make certain product changes. ○1

60a In addition, we and Motorola have entered into a consent order with the FTC setting forth certain guidelines on our use of standards-essential patents in litigation. ○1

62 We integrate innovative features into our search service and offer specialized search services to help users tailor their search. In addition, we are constantly improving and adding to our products and services, to provide users with more relevant results so that users find what they are looking for faster. ○8

64 We also offer Product Listing Ads, which include richer product information, such as product image, price, and merchant information, without requiring additional keywords or ad text. ○10

65 In January 2012, we launched Search plus Your World. Now, when a user performs a signed-in search on Google, the user's results page may include Google+ content from people that the user is close to (or might be interested in following). Relevant Google+ profiles and Google+ pages related to a specific topic or area of interest may also appear on a user's results page. ◯10

66 In 2012, we also introduced Google Now and Google's Knowledge Graph. Google Now is a predictive search feature that gets you just the right information at just the right time ◯10

74 We also offer AdWords on a cost-per-impression basis that enables advertisers to pay us based on the number of times their ads appear on our websites and our Google Network Members' websites as specified by the advertiser. ◯10

84 We aim to simplify display advertising so it is easier for advertisers and publishers to manage campaigns across different formats, on different websites, and for different devices. ◯7

93 In addition, we offer advertisers the ability to run search ad campaigns on mobile devices with popular mobile-specific ad formats, such as click-to-call ads in which advertisers can include a phone number within ad text. ◯10

95 We continue to invest in improving users' access to Google services through their mobile devices. ◯10

96 We've organized information around more than 80 Mio. places globally from various sources across the web. ◯10

93 In addition, we offer advertisers the ability to run search ad campaigns on mobile devices with popular mobile-specific ad formats, such as click-to-call ads in which advertisers can include a phone number within ad text. ◯10

75 technology and mobile companies, we developed Android, a free, fully open source mobile software platform that any developer can use to create applications for mobile devices and any ◯10

110 *Google+*. Google+ is a new way to share online just like users do in the real world, sharing different things with different people. In late 2011 and continuing in 2012, we have tightened integration between Google+ and our other Google properties, such as Gmail and YouTube and now ◯2

121 In addition, we provide our search technology for use within enterprises through the Google Search Appliance (real-time search of business applications, intranet applications, and public websites),on their public-facing sites with Google Site Search (custom search engine), and Google Commerce Search (for online retail enterprises). ◯10

122 We also provide versions of our Google. ◯10

4.12 Fremdsprachen   53

198 Our business is rapidly evolving and intensely competitive, and is subject to changing technologies, shifting user needs, and frequent introductions of new products and services. ○7

199 Our ability to compete successfully depends heavily on providing products and services that make using the internet a more useful and enjoyable experience for our users and delivering innovative products and technologies to the marketplace. ○10

207 As a result, we must continue to invest significant resources in research and development, including through acquisitions, in order to enhance our web search technology and our existing products and services, and introduce new products and services that people can easily and effectively use. ○1

209 In addition, these new products and services may present new and difficult technological and legal challenges, and we may be subject to claims if users of these offerings experience service disruptions or failures or other issues. ○8

210 Our operating results would also suffer if our innovations are not responsive to the needs of our users, advertisers, and Google Network Members, are not appropriately timed with market opportunities, or are not effectively brought to market. ○7

211 As technology continues to develop, our competitors may be able to offer user experiences that are, or that are seen to be, substantially similar to or better than ours. ○2

212 This may force us to compete in different ways and expend significant resources in order to remain competitive. ○2

214 *Our ongoing investment in new business strategies and new products, services, and technologies is inherently risky, and could disrupt our ongoing businesses.* ○2

216 Such endeavors may involve significant risks and uncertainties, including distraction of management from current operations, insufficient revenues to offset liabilities assumed and expenses associated with these new investments, inadequate return of capital on our investments, and unidentified issues not discovered in our due diligence of such strategies and offerings. ○2

217 Because these new ventures are inherently risky, no assurance can be given that such strategies and offerings will be successful and will not adversely affect our reputation, financial condition, and operating results. ○8

233 Our failure to address these risks or other problems encountered in connection with our past or future acquisitions and investments could cause us to fail to realize the anticipated benefits of such acquisitions or investments, incur unanticipated liabilities, and harm our business generally. ○2

234 Future acquisitions could also result in dilutive issuances of our equity securities, the incurrence of debt, contingent liabilities, or amortization expenses, or impairment of goodwill, and restructuring charges, any of which could harm our financial condition or results. Also, the anticipated benefit of many of our acquisitions may not materialize. ○8

235 *We generate a significant portion of our revenues from advertising, and a reduction in spending by or loss of advertisers could seriously harm our business.* ○6

241 In addition, expenditures by advertisers tend to be cyclical, reflecting overall economic conditions and budgeting and buying patterns. Adverse macroeconomic conditions can also have a material negative impact on the demand for advertising and cause our advertisers to reduce the amounts they spend on advertising, which could adversely affect our revenues and business. ○3

242 *Our revenue growth rate could decline over time, and we anticipate downward pressure on our operating margin in the future.* ○2

247 We believe our operating margin will experience downward pressure as a result of increasing competition and increased expenditures for many aspects of our business, including Motorola. ○2

258 We are regularly subject to claims, suits, government investigations, and other proceedings involving competition and antitrust (such as the pending investigations by the EC), intellectual property, privacy, consumer protection, tax, labor and employment, commercial disputes, content generated by our users, goods and services offered by advertisers or publishers using our platforms, and other matters. ○2

265 These proceedings could also result in reputational harm, criminal sanctions, consent decrees, or orders preventing us from offering certain features, functionalities, products, or services, requiring a change in our business practices or product recalls or other field action, or requiring development of non-infringing or otherwise altered products or technologies. ○2

267 *More people are using devices other than personal computers to access the internet and accessing new platforms to make search queries. If manufacturers and users do not widely adopt versions of our web search technology, products, or operating systems developed for these devices, our business could be adversely affected.* ○2

271 Some manufacturers may also elect not to include our products on their devices. In addition, search queries are increasingly being undertaken via „apps" tailored to particular devices or social media platforms, which could affect our share of the search market over time. ○11

4.12 Fremdsprachen

276 The brand identity that we have developed has significantly contributed to the success of our business. Maintaining and enhancing the „Google" brand is critical to expanding our base of users, advertisers, Google Network Members, and other partners. ○3

281 *A variety of new and existing U.S. and foreign laws could subject us to claims or otherwise harm our business.* ○11

290 In addition, the Digital Millennium Copyright Act has provisions that limit, but do not necessarily eliminate, our liability for caching or hosting, or for listing or linking to, third-party websites that include materials that infringe copyrights or other rights, so long as we comply with the statutory requirements of this act. ○8

294 *We are, and may in the future be, subject to intellectual property or other claims, which are costly to defend, could result in significant damage awards, and could limit our ability to use certain technologies in the future.* ○8

295 Internet, technology, and media companies own large numbers of patents, copyrights, trademarks, and trade secrets and frequently enter into litigation based on allegations of infringement or other violations of intellectual property rights. In addition, patent holding companies may continue to seek to monetize patents they have purchased or otherwise obtained. ○11

297 We have had patent, copyright, and trademark infringement lawsuits filed against us claiming ○2

314 We also face risks associated with our trademarks. ○3

327 *Privacy concerns relating to our technology could damage our reputation and deter current and potential users from using our products and services.* ○5

336 In addition, the interpretation and application of consumer and data protection laws in the U.S., Europe and elsewhere are often uncertain and in flux. ○11

340 *With our acquisition of Motorola, we face a number of manufacturing and supply chain risks that, if not properly managed, could adversely impact our financial results and prospects.* ○11

356 The Dodd-Frank Wall Street Reform and Consumer Protection Act included disclosure requirements regarding the use of „conflict" minerals mined from the Democratic Republic of Congo and adjoining countries (DRC) and procedures regarding a manufacturer's efforts to prevent the sourcing of such „conflict" minerals. ○8

360 Our products and services involve the storage and transmission of users' and customers' proprietary information, and security breaches expose us to a risk of loss of this information, litigation, and potential liability. ○2

367 *Web spam and content farms could decrease our search quality, which could damage our reputation and deter our current and potential users from using our products and services.* ○11

375 *Interruption or failure of our information technology and communications systems could hurt our ability to effectively provide our products and services, which could damage our reputation and harm our operating results.* ○4

377 Our systems are vulnerable to damage or interruption from earthquakes, terrorist attacks, floods, fires, power loss, telecommunications failures, computer viruses, computer denial of service attacks, or other attempts to harm our systems. ○4

384 *Our international operations expose us to additional risks that could harm our business, operating results, and financial condition.* ○4

386 International revenues accounted for approximately 53 % of our consolidated revenues in 2012, and more than half of our user traffic has been coming from outside the U.S. ○10

444 In addition, we believe that our corporate culture fosters innovation, creativity, and teamwork. ○9

445 As our organization grows, and we are required to implement more complex organizational management structures, we may find it increasingly difficult to maintain the beneficial aspects of our corporate culture ○5

4.13 Auswertung

- Anzahl = 482 Sätze gesamter Text
- Gewertet = 63 Aussagen (Nr. ○47 bis ○445)
- Zuordnung = 11 Entscheidungskategorien

> **Fazit**
> Ein wortreiches Vorwort des Vorstands im Geschäftsbericht ist hier, wie auch in anderen Fällen, ein untrügliches Indiz für Probleme eines Unternehmens!

Der Gesamttext bestand aus 482 Sätzen, von denen nur 63 entscheidungsbezogen waren.

Vergleich von Google zu Dax-Unternehmen

Unterschiede: Vergleicht man die Aussagen im Geschäftsbericht von *Google* mit denen von *Dax-Unternehmen* (vgl. Abb. 1.1), zeigen sich folgende Unterschiede:

4.13 Auswertung

- Lücken: *Google* weist keine Lücken auf, das heißt, das Unternehmen trifft Aussagen zu allen elf Kategorien. Die elf *Dax-Unternehmen* zeigen dagegen (vgl. Abb. 1.1), dass von den elf untersuchten *Dax-Unternehmen* sechs Lücken aufweisen, das heißt, diese Unternehmen unvollständig im Vorwort des Vorstands berichten.

- Schwerpunkte: *Google* setzt Schwerpunkte, indem es allein 43 % seiner Aussagen dem *strategischen* Bereichen widmet, dagegen nur 14 % dem *operativen* und 33 % aller Aussagen für den *taktischen* Bereich verendet. Die *Dax*-Unternehmen zeigen ein völlig anderes Aussageverhalten: 33 % im strategischen Bereich, 25 % im operativen Bereich und 31 % im taktischen Bereich, nur extern, im *Kunden/Markt*-Bereich, decken sich ihre Aussagen mit denen bei Google.

Abb. 4.12 fasst den Vergleich quantitativ zusammen.

Auffälligkeiten

Während die Anzahl getroffener Aussagen bei Google (63) und den Dax-Unternehmen (55) etwa vergleichbar ist, zeigt die Verteilung der Aussagen, unterteilt in die vier Bereiche *strategisch, operativ* und *taktisch,* bemerkenswerte Unterschiede, die nicht eine Momentaufnahme zeigen, sondern grundsätzlich eine unterschiedliche Berichterstattung von US- und Dax-Unternehmen deutlich machen.

Bei Google stehen *externe* Belange im Vordergrund, bei Dax- Unternehmen *interne.*

Die folgende Darstellung, die nach der Häufigkeit der Aussagen geordnet ist, zeigt folgende Auffälligkeiten.

Bereich Google Aussagen		versus		Dax- Aussagen		
1 Strategie	= 11			10		
2 Führung	= 13	= 27 strategisch	= 43 %	3	= 18	= 33%
3 Marketing	= 3			5		
4 Prozesse	= 3			2		
5 Kultur	= 2			3		
6 Finanz	= 1	= 9 operativ	= 14 %	6	= 14	= 25%
7 Innovation	= 3			3		
8 Struktur	= 7			8		
9 Mitarbeiter	= 1	= 21 taktisch	= 33 %	2	= 17	= 31%
10 Verkauf	= 13			7		
11 Kunden/Markt	= 6	= 6 extern	= 10 %	6	= 6	=11%
gesamt		= 63 Aussagen	= 100 %		= 55	= 100%

Abb. 4.12 Google vs. Dax

Fokus
Bei der Anzahl getroffener Aussagen im Geschäftsbericht nähern sich beide Unternehmen wieder, indem *Google* 63 und Dax- Unternehmen 55 Aussagen durchschnittlich treffen (Abb. 4.13).

Vergleich
Dax-Unternehmen (= **1** bis **11**) zeigen gegenüber Google (= **12**) folgende Unterschiede (vgl. Abb. 4.14):

Google				Dax			
Führung	=13			Führung	= 3		
Verkauf	=13			Verkauf	= 7		
Strategie	=11	= 44	77%	Strategie	= 10	= 28	57%
Struktur	=7			Struktur	= 8		
Marketing	=3			Marketing	=5		
Innovation	=3	= 9	16%	Innovation	=3	= 10	21%
Prozesse	=3			Prozesse	=2		
Kultur	=2			Kultur	=3		
Finanz	=1	= 4	7%	Finanz	=6	= 11	22%
Mitarbeiter	=1			Mitarbeiter	=2		
Gesamt	=57			Gesamt	=49		

Abb. 4.13 Vergleich

Unternehmen	1	2	3	4	5	6	7	8	9	10	11	12
Aussagen												
1 Strategie	27	9	8	2	4	27	7	7	12	4	5	11
2 Führung	6	5	5	0	2	5	4	3	4	0	2	13
3 Marketing	1	2	3	0	4	2	19	6	2	12	1	3
4 Prozesse	0	1	1	0	4	4	7	2	3	1	1	3
5 Kultur	2	3	0	1	6	7	4	0	8	1	2	2
6 Finanz	10	11	5	1	4	5	16	1	5	3	6	1
7 Innovation	1	3	4	0	3	7	0	3	9	0	1	3
8 Struktur	1	7	7	3	9	19	14	5	5	9	8	7
9 Mitarbeiter	2	2	2	2	1	5	1	1	2	0	1	1
10 Verkauf	24	2	11	6	7	13	1	3	4	0	4	13
11 Kunde/Markt	6	11	6	3	3	6	5	5	12	1	5	6
Gesamt (Ist)	80	56	52	18	47	100	78	36	66	31	36	63
Lücken	1	0	1	4	0	0	1	1	0	4	0	0

Abb. 4.14 Dax-Unternehmen vs. Google

4.13 Auswertung

- Google hat keine Aussagelücken im Vergleich zu Dax (= 6 Lücken)
- Google legt Fokus auf strategische Aussagen (1 bis 3) = 27
- Google trifft relativ wenige Aussagen im operativen Bereich (4 bis 7) = 9
- Google zeigt bei taktischen Aussagen (8 bis 10)
- Google liegt mit nur 57 Aussagen auch unterhalb des Solls von 99.

Erkenntnisse

Die Gegenüberstellung *deutscher Unternehmen* in ihrer Aussagebereitschaft im *Vorwort des Vorstands* mit der von *Google* erlaubt die Ableitung genereller Erkenntnisse, da Google zu den größten und erfolgreichsten Unternehmen der Welt gehört und als Spiegelbild für einen Vergleich mit deutschen Dax-Unternehmen dienen kann, da auch sie international operieren.

Dieser Vergleich erlaubt, abgesehen von wenigen spezifischen Gegebenheiten deutscher Unternehmen, generelle Urteile über das Informationsverhalten deutscher Unternehmen, da sie, wie Google, ebenfalls international operieren und sich den internationalen Gegebenheiten anpassen müssen, um erfolgreich zu sein.

Denn trotz der lückenfreien Berichterstattung im Google-Geschäftsbericht (alle Kategorien enthalten Aussagen) berichtet auch dieses erfolgreiche und dominierende Unternehmen unvollständig bezogen auf die notwendige *Anzahl* von Folgenentscheidungen, die sich aus der Anzahl strategischer Aussagen von elf ergeben und die alle neun internen Kategorien erreichen müssen, sodass sich 99 Folgeentscheidungen ergeben, um ihre Umsetzung zu gewährleisten.

Die Berichterstattung im Vorwort des Vorstands erlaubt zwei Schlussfolgerungen:

- Der Vergleich der Dax-Unternehmen mit Google zeigt, dass deutsche Unternehmen wenig *Schwerpunkte* zeigen, die in der den drei Führungsbereichen strategisch, operativ und taktisch bei Google klar erkennbar sind.
- Die Berichterstattung im Vorwort des Vorstands von Dax-Unternehmen, wie auch im US-Vergleichsunternehmen, Google, zeigt, dass Unvollständigkeit in Bezug auf die *Anzahl* notwendiger Entscheidungen und Aussagen darüber bei allen untersuchten Unternehmen fehlt.

Alle untersuchten Geschäftsberichte stützen die Vermutung, dass den Unternehmen der Maßstab zur Bestimmung der *Vollständigkeit von Entscheidungen* und somit Aussagen darüber in Geschäftsberichten fehlt.

Die im Buch behandelte „Beliebigkeit" von Aussagen ist ein *Spiegelbild* des fehlenden *Maßstabs*.

Literatur

Gödel, K. (1979). *Objective knowledge.* New York: Oxford University Press.
Popper, K. R. (1979). *Objective knowledge.* New York: Oxford University Press.

Zusammenfassung: Gefahren & Chancen unvollständiger Geschäftsberichte

Vorbemerkung

Das Buch befasst sich auf der Grundlage empirisch ermittelter Daten mit den Aussagen im *Vorwort des Vorstands* der Geschäftsberichte Dax-notierter Unternehmen.

Ein Merkmal, das alle untersuchten Geschäftsberichte kennzeichnet, wurde deutlich:

▶ Geschäftsberichte enthalten wenige und lückenhafte Aussagen über tatsächlich getroffene Entscheidungen.
    Die Vermischung des Vorworts mit einer großen Anzahl irrelevanter Informationen verhindert die Erkennung dieser Lücken im Vorwort des Vorstands!

Die Aufblähung der Geschäftsberichte mit einer großen Anzahl vonseiten, vermischt mit bildlichen Darstellungen, übertrifft der Erfassungsvermögen eines interessierten Lesers.

Das Buch behandelt die analytische Trennung der großen Textmengen in relevante und irrelevante Aussagen. Hierbei zeigt sich, dass die irrelevanten Aussagen die relevanten zahlenmäßig weit übertreffen. Zusätzlich tritt noch ein weiterer Mangel zutage, indem die wenigen relevanten Aussagen erhebliche Lücken aufweisen.

Die Folgen dieser Aufblähungen der Texte sind, dass Leser Geschäftsberichte nicht mehr erfassen können und für *Big Data* erheblichen Chancen entstehen.

Fragen
Die empirischen Untersuchungen über die Vollständigkeit von *Entscheidungen* in Unternehmen und die daraus gewonnenen Erkenntnisse führten zu drei Fragen:

- Wie lassen sich irrelevante Aussagen von relevanten trennen?
- Wird Unvollständigkeit fortgeschrieben?
- Ist Unvollständigkeit messbar?

Auf diese Fragen gibt das Buch Antworten, indem es auf die Fortschreibung von Lücken durch die Vernetzung der folgenden Bereiche näher eingeht:

- Planungsentscheidungen
- Aussagen im Vorwort des Vorstands in Geschäftsberichten
- Presseveröffentlichungen

Aufgrund der *Vernetzungen* werden Lücken nicht nur fortgeschrieben, sondern weitere hinzufügt. Das Management reagiert hierauf durch eine Zunahme interner Meetings und externer Presseaktivitäten. Das sind Erscheinungen, die den Alltag von Unternehmen bestimmen. Wo aber liegen die Ursachen?

Ursachen
Neben der normal vorhandenen, schlichten Unwissenheit, die allen zukünftigen Entscheidungen anhaften, gibt es eine weitere Erscheinung: das Fehlen eines gültigen *Maßstabs* zur Überprüfung der *Vollständigkeit* vorhandener Entscheidungen.

Das Buch geht anhand von empirisch vorliegenden Entscheidungen und Aussagen darüber auf die methodische Seite des Maßstabs ein.

Unvollständigkeit zeigt sich vor allem in Geschäftsberichten, Pressemitteilungen, Berichten über die Zusammenarbeit mit anderen Unternehmen bis zu Verträgen über die Übernahme von Unternehmen, das heißt auch bei M & A-Projekten.

Verantwortlichkeiten
Die offiziellen Berater der Unternehmen, Anwälte, Wirtschaftsprüfer sowie die Führungen der Unternehmen selbst, Aufsichtsräte und Vorstände, stehen hier unterschiedlich in der Mitverantwortung der in diesem Buch aufgedeckten Lücken in Geschäftsberichten.

Dennoch sind Aufsichtsrat und Vorstand gemeinsam verantwortlich für Inhalt und Vollständigkeit der Aussagen im Vorwort des Vorstands über die erzielten Ergebnisse im Geschäftsbericht des Unternehmens.

Diese Aussagen stehen im Vordergrund der Analysen der im Buch behandelten Beispiele.

5 Zusammenfassung: Gefahren & Chancen …

Mängel

Die aufgedeckten Mängel zeigen in der Regel, dass das Verhältnis relevanter zu irrelevanten Aussagen häufig den Faktor eins zu zehn erreicht. Das heißt, die Aufdeckung jeder relevanten Aussage erfordert die Erkennung und Abtrennung von zehn irrelevanten Aussagen.

Die Trennungsarbeiten führen zu einem weiteren Merkmal: Je umfangreicher das Vorwort des Vorstands, je größer die Probleme des Unternehmens!

Aufblähungen verschleiern diesen Zusammenhang, sie sind aber ein untrügliches erstes Merkmal für Probleme solcher Unternehmen. Diese Vermutung bestätigen alle untersuchten Geschäftsberichte.

Nutzen

Mit dem Ausmaß der Unvollständigkeit von Aussagen im *Vorwort des Vorstands* in Geschäftsberichten hat sich das Buch anhand von konkreten Beispielen auf der Grundlage empirischer Daten ausführlich befasst.

Die Frage daher ist, wer könnte Nutzen aus der allgemein verbreiteten und zunehmenden Aufblähung der Vorworte des Vorstands mit irrelevanten von Aussagen in Geschäftsberichten ziehen?

Konkurrenten

Es überrascht sicher, dass gerade ein Dritter, zum Beispiel ein Konkurrent, Nutzen aus dem Entscheidungs- und Informationsverhalten seines Wettbewerbers ziehen kann und er diese Möglichkeiten auch nutzt.

Seine Beobachtungen erstrecken sich daher in der Regel über größere Zeiträume, indem er ungenutzte Marktmöglichkeiten des ihn interessierenden Wettbewerbers beobachtet. Auffällige Merkmale über Veränderungen liefern ihm eventuell die Grundlage für erste, sehr vertrauliche Annäherungsgespräche.

Konkurrenten beobachten sich untereinander, indem sie unter anderem Handlungen und Pressemitteilungen verfolgen, um ein Stärken-/Schwächen-Profil des sie interessierenden Wettbewerbers zu erstellen. Solche Beobachtungen erstrecken sich häufig über Jahre.

Diese relativ großen Zeiträume lassen sie erheblich verkürzen, wenn Unternehmen das in diesem Buch dargestellte methodische Vorgehen den Bewertungen zugrunde legen würden, das sich auf elf Entscheidungskategorien stützt.

Ein zweiter Weg besteht darin, es einem „Dritten" (Big Data) zu überlassen, aus der enormen Anzahl irrelevanter Aussagen, die die Geschäftsberichte zunehmend bis zur Unkenntlichkeit aufblähen, zukünftige Handlungen solcher Unternehmen vorauszusagen.

Auf die Deutung von Algorithmen geht das Buch anhand konkreter Daten ein.

Grundlage

Grundlage des Vorgehens von Big Data ist die Unterscheidung von verbrauchtem Wissen gegenüber unverbrauchtem Wissen. Das heißt, für Big Data ist jede getroffene und umgesetzte Entscheidung bereits „verbraucht", also wertlos.

Dagegen bieten gerade die so reichlich vorhandenen irrelevanten Informationen, die heutige Geschäftsberichte füllen und aufblähen, Big Data das geeignete Material, um zukünftige Handlungen von Unternehmen vorauszusagen, indem Algorithmen mit Hilfe von Computern nach einem sich wiederholenden Schema untersucht werden, das zur Grundlage des Erkennens zukünftiger Entscheidungen wird.

Der lange, traditionelle Weg der Schaffung von Transparenz über einen Konkurrenten wird durch Big Data erheblich verkürzt. Unternehmen helfen also selbst, die notwendige Transparenz über ihre zukünftigen Handlungen einem Dritten zu verschaffen.

Rück- und Ausblick

Das folgende Beispiel zeigt, wie sich die noch nicht getroffenen Aussagen des Vorstands wahrscheinlich über das noch laufende Geschäftsjahr verteilen und welche Themen sie ansprechen, bevor dieser Geschäftsbericht im Folgejahr erscheint.

Die folgenden Zahlen (Abb. 5.1) wurden den untersuchten Geschäftsberichten eines Unternehmens aus drei Vorjahren (= Rückblick) entnommen und zur Voraussage des noch laufenden, nicht abgeschlossenen Geschäftsjahres 2016 (= Ausblick) verwendet.

Kategorie	Aussagen			Bereiche	Veränderung		
	2013	2014	2015		2013	2014	2015
1 Strategie	= 1	= 5	= 3				
2 Führung	= 5	= 2	= 4	strategisch	26 %	22 %	34 %
3 Marketing	= 3	= 1	= 5				
4 Prozesse	= 2	= 1	= 3				
5 Kultur	= 2	= 2	= 3				
6 Finanzen	= 4	= 6	= 6	operativ	23%	28 %	34%
7 Innovation	= 0	= 1	= 0				
8 Struktur	= 11	= 8	= 5				
9 Mitarbeiter	= 0	= 1	= 1	taktisch	49 %	36 %	26%
10 Verkauf	= 6	= 4	= 3				
11 Kunden	= 1	= 5	= 2	extern	2 %	14 %	6 %
gesamt	= 35	= 36	= 35		100 %	100 %	100%

Abb. 5.1 Vorjahre

5 Zusammenfassung: Gefahren & Chancen …

Rückblick: Aussageverhalten
Jede Aussage der drei Vorjahre 2013, 2014 und 2015 wurde entsprechend ihrem Inhalt einer der elf Entscheidungskategorien (s. methodische Grundlagen Harvard und vgl. Beispiel bei Gödel 1979; Popper 1979) zugeordnet (vgl. Abb. 5.2, 5.3 und 5.4).

Ausblick: Aussagefolgen
Das Säulendiagramm in Abb. 5.5 zeigt die getrennte Bewertung der Anzahl der Aussagen im Vorwort des Vorstands sowie die im Text enthaltenen Algorithmen (vgl. Gödel 1979; vgl. Popper 1979) durch den Analytiker.

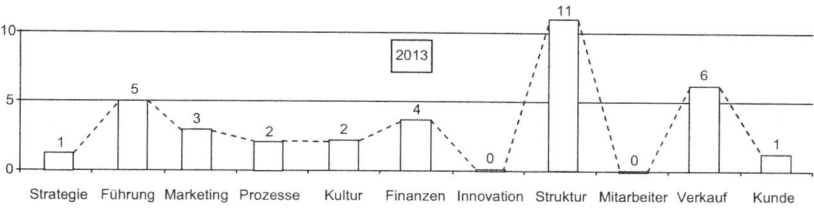

Abb. 5.2 Vorjahr 2013

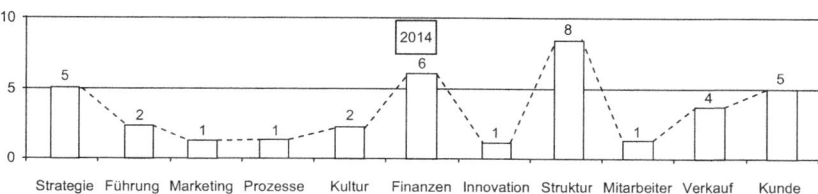

Abb. 5.3 Vorjahr 2014

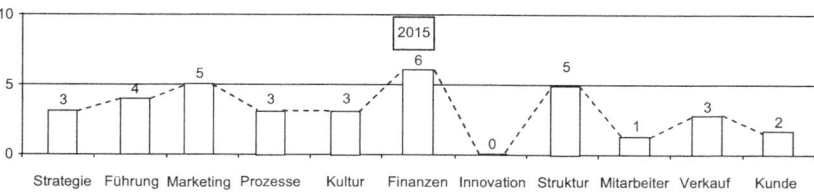

Abb. 5.4 Vorjahr 2015

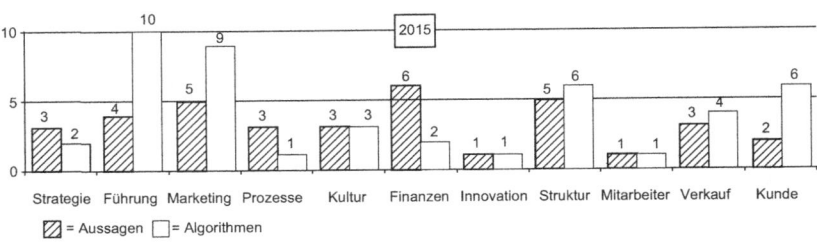

Abb. 5.5 Vergleich Algorithmen

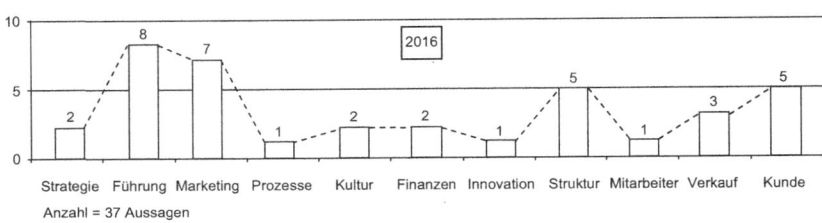

Abb. 5.6 Abschätzung 2016

Mit Hilfe der Algorithmen gelingt es dem Analytiker, Anzahl und Verteilung der Aussagen im Geschäftsbericht 2016 abzuschätzen, sodass die in Abb. 5.6 dargestellte Verteilung zu erwarten ist.

Schwerpunkte 2016 (Abb. 5.7)

Voraussage
Die Abschätzung der Anzahl und Verteilung der Aussagen im Vorwort des Vorstands eines noch nicht veröffentlichten Geschäftsberichts basiert auf folgenden Datenquellen und methodischen Grundlagen:

1. **Zuordnung** der Aussagen des Vorstands im Vorwort auf die für jedes Unternehmen geltenden elf Entscheidungskategorien.
2. **Überprüfung** der Aussagen durch den Analytiker auf Merkmale, die auf Änderungen der Aussagen im Folgejahr hindeuten, und zwar nach Inhalten und Verteilungen der *Aussagen* innerhalb der elf Entscheidungen kategorien.
3. **Durchsicht** des Originaltextes des Vorworts des Vorstands im Geschäftsbericht nach *Algorithmen*.

5 Zusammenfassung: Gefahren & Chancen …

Kategorie	Aussagen		Bereiche		Gewicht
1 Strategie 2 Führung 3 Marketing	= 2 = 8 = 7	17	strategisch		46 %
4 Prozesse 5 Kultur 6 Finanzen 7 Innovation	= 1 = 2 = 2 = 1	6	operativ		16 %
8 Struktur 9 Mitarbeiter 10 Verkauf	= 5 = 1 = 3	9	taktisch		24 %
11 Kunden	= 5	5	extern		14 %
gesamt	= 37				100 %

Abb. 5.7 Schwerpunkte 2016

4. **Abschätzung** des zukünftigen Vorworts des Vorstands im Geschäftsbericht 2016 sechs Monate vor dessen Veröffentlichung im Folgejahr nach folgender Verhältnisrechnung:

Daten	= 35 Aussagen gesamt
	= 45 Algorithmen gesamt
	= 10 geschätzte Aussagen zur „Führung"
Rechnung	= (10 / 45) × 35 = 8 erwartete Aussagen zur „Führung"

Der Einfluss der Algorithmen reduziert also die geschätzten Aussagen zur „Führung" auf acht.

Dieses Beispiel soll zeigen, dass die wahrscheinliche Anzahl und ihre Verteilung der Aussagen des erst Anfang 2017 erscheinenden Geschäftsberichts bereits sechs Monate vor dessen Veröffentlichung den Analytikern und *Big Data* möglich sind. Auch wenn sich Abweichungen zeigen sollte, sind diese bereits wertvolle Hinweise auf Veränderungen.

Die Aussagen, mit denen die Unternehmen im Allgemeinen so großzügig durch die Textfülle verfahren, führen also zum Gegenteil dessen, was sie damit bezwecken wollen, nämlich Einblicke in ihr zukünftiges Entscheidungsverhalten zu vermeiden!

> **Fazit**
>
> „Big Data" kann solche Ausblicke auf zukünftige Entscheidungen unter Nutzung größerer Datenmengen sehr treffsicher und schnell voraussagen.
>
> Die derzeit noch weit verbreitete Aufblähung der Vorworte in Geschäftsberichten mit scheinbar belanglosen Informationen ohne Bezug auf Entscheidungen wird abnehmen, weil Geschäftsberichte zunehmend solchen Analysen unterzogen werden.
>
> Unternehmen, die unvollständige Aussagen über getroffene Entscheidungen im Vorwort des Vorstands treffen, handeln gegen ihre eigenen Interessen, wenn sie gleichzeitig großzügig ihre Berichte mit *Informationen* anreichern, um Lücken zu kaschieren, denn für Big Data sind getroffene Entscheidungen „verbraucht", dagegen „belanglose Informationen" mit ihren Algorithmen wertvoll.
>
> Vorstände, die ihre Geschäftsberichte mit scheinbar belanglosen Informationen aufblähen, anstatt Aussagen über tatsächlich getroffenen Entscheidungen zu machen, schaden ihren Unternehmen in doppelter Weise: Kapitalgeber verlieren den Durchblick, *Big Data* gewinnt Einblicke & Ausblicke!

Literatur

Gödel, K. (1979). *Objective knowledge.* New York: Oxford University Press.
Popper, K. R. (1979). *Objective knowledge.* New York: Oxford University Press.

Weiterführende Literatur

Adizes, I. (1988). *Corporate life cycles.* New Jersey: Prentice Hall.
Ansoff, H. I. (1965). *Corporate strategy.* McGraw-Hill, Inc.
Ansoff, H. I. (1976). *From strategic planning to strategic management.* New York.
Anthony, R. N. (1968). *Management accounting.* USA: Richard, D. Irving, Inc.
Argyris, C. (1980). *The inner contradictions of rigorous research.* New York: Academic Press.
Babeck, M. M. (2000). *After the merger.* Pearson Education Ltd.
Bacon, F. Knowledge is Power.
Blake, R. R., & Mouton, J. S. (1971). *The managerial grid.*
Boleman, L. G., & Terrance, E. D. (1991). *Reframing organizations, artistry, choice and leadership.* Jossey – Bass, Inc.
Busch. W. (1994). *Schein und Sein.* Beck (Erstveröffentlichung 1909).
Business Week (1998). Daimler Chrysler.
Coenenberg, A. G., & Salfeld, R. (2003). *Wertorientierte Unternehmensführung.* Schäffer-Poeschel.

Weiterführende Literatur

Cousins, P. A. (1986). *Mapping Spheres of Influence: A visual typology of responses to rapid technological change.* Harvard University.
Cousins, P. A. The correlation of EFQM criteria with the Spheres of Influence, (SOFI), 6/98 released.
Dieck, K., & Rädiker, J. (2010). *Reporting: Unternehmenskommunikation als Imageträger.* Mainz: Schmidt.
Dimanceasu, D. (1992). *The seamless enterprise, making cross functional management work.* New York: Harper Collins.
Drucker, P. (1980). *Management in turbulenter Zeit.* Econ Verlag.
Drucker, P. (1994). *The practice of management.* New York.
Dyson, G. (2012). *Turning's cathedral:The origins of the digital Universe* (Kindle edition). München: Panthion Verlag.
EFQM. (2000). European Foundation for Quality Management announced the addition of two new criteria matching the „eleven Spheres of Sofi".
Elliot, J., & Clement, S. D. (1991). *Executive leadership.* Oxford: Brasil Blackwell.
Etterich, H. J. (1985). Die Crux mit den Soft Facts. *Wirtschaftswoche.*
Etterich, H. J. (1985). Management: In Treue fest gebunden. *Wirtschaftswoche.*
Etterich, H. J. (2005). *Rating Aktuell.*
Etterich, H. J. (2013). *Informationen und Wissen.* Springer Gabler.
Etterich, H. J., & Woodburn, T. L. (1994). *Management Audit, Handbuch des Führungskräfte- Managements.* Beck.
Gladwell, M. (2007). *Blink! Die Macht des Moments.* Piper.
Glaserfeld, E. v. Einführung in den radikalen Konstruktivismus. Wissen + Wirklichkeit.
Gödel, K. (1979). *Objective knowledge.* New York.
Gödel, K., & Popper, K. (1994). *Vermutungen und Widerlegungen.* Mohr Siebeck.
Goleman, D. (2003). *Emotionale Führung.* Ullstein.
Greiner, L. E. (1970). Putting Judgement back into decisions. *Harvard Business Review.*
Handelskammer Hamburg: Haftung Geschäftsführer.
Hardin, G. (1985). *Filters against Folly.* New York: Pengiun Books. USA, „Sofi breaks Barriers".
Harvard Business Review. (1990). Manage people, not personnel: Motivation and performance appraisal.
Hayek von, F. A. (1945). The use of knowledge in society. *The American Economic Review, 35,* 519–530.
Hayek von, F. A. (2004). *Wissenschaft und Sozialismus: Gesammelte Schriften.* Mohr Siebeck.
Kandel, E. R. (2007). *Auf der Suche nach dem Gedächtnis.* Panthron-Verlag.
Kaplan, R. S., & Norton, D. P. (2004). *Strategy maps.* Schäffer-Poeschel.
Kast, B. (2007). *Wie der Bauch dem Kopf beim Denken hilft- Die Kraft der Intuition.* Fischer.
Kempis, R.-D., & Ringbeck, J. (1999). *Do it smart.* The Free Press.
Lawrence, P. R., & Seiler, J. A. (1965). *Organizational behavior and administration.*
Levitt, H. J. (1968). *Managerial psychology.* The University of Chicago Press.
Lewis, M. (2011). *The big short.* New York: W.W. Norton & Company.
Liessmann, K. P. (2006). *Theorie der Unbildung: Irrtümer der Wissenschaft.* Wien: Zsolnay-Verlag.
Livington. (1971). Myth of the well-educated manger. *Harvard Business School Review.*
Lorange, P., & Vancil, R. F. (1977). *Strategic planning systems.* London: Prentice-Hall International, Inc.

Manager Magazin: Bester Geschäftsbericht, 20. September 2012.
Malik, F., & Billing, B. Die problemorientierte Integration von Wissen, Malik, Management Zentrum St. Gallen.
Marchall, C. (1993). *The high level modelling space*. Digital Equipment Corp.
McKinsey. (1971). *The arts of top management*. McGraw-Hill, Inc.
Mohr, J. (2011). *Was wir heute wissen müssen*. München: Deutsche Verlagsanstalt.
Norretranders, T. (1991). Die Wissenschaft des Unbewussten. Reinbek: Rowohlt.
Perkins, D. (1992). *Inventive minds: Creativity in technology*. New York: Oxford University Press.
Perkins, D. (1995). *Outsmarting IQ*. New York: The Free Press.
Popper, K. R. (1979). *Objective knowledge*. Oxford University Press.
Popper, K. R. (1979). *Objective knowledge*. New York.
Popper, K. R. (2003). *Die offene Gesellschaft und ihre Feinde*. Bd. I.
Popper, K. R. (2009). *Auf der Suche nach einer besseren Welt*. Piper.
Popper, K. R. (2009). *Vermutungen und Widerlegungen*. Mohr Siebeck.
Reichert, R. (2014). *Big Data Analysen zum digitalen Wandel von Wissen, Macht und Ökonomie*. transcript.
Savage, C. M. (1990). Fifth generation of management, Digital Equipment.
Schirrmacher, F. (2014). *EGO, Das Spiel des Lebens*. Pantheon-Ausgabe.
Senge, P. M. (1990). *The fith discipline: The art and practice of learning organization*. New York: Currency Doubleday.
Simon, H. (1999). Wunsch- Wissen. *Manager Magazin*.
Sorris, E. (2012). *A nation of salesmen* (Kindle edition). New York.
Springer Gabler: Sorgfaltspflicht, Wirtschaftslexikon, Gabler, 2014.
Springer Gabler: Business Judgement Rules, Gabler, 2014.
Springer Gabler: Befugnisse Aufsichtsrat, Gabler 2014.
Staub, T. (2007). Reasons for frequent failiures in M& A'S. Gabler Wissenschaft.
Taleb, N. N. (2008). *The black swan*. USA: Penguin Books Inc.
Thornton, G. C., & Byham, W. C. (1982). *Assessment centers and managerial performance*. Academic Press, Inc.
Watzlawick, P. (1997). *Die erfundene Wirklichkeit*. München: Piper.
Welch, J. (2011). *Straight from the Gut* (kindle Edition).
Werda, A. v. (2014). *Corporate governance*. TU Berlin.

Pressequellen

Dahmen, S. R. (4. November 2015). „Die Netze der Helden und Täter". *FAZ*.
Ehrmann, T., & Kühnapfel (4. Januar 2016). „Ist der alte Wirtschaftsprüfer tot ?" *FAZ*.
Jansen, J. (9. Mai 2016). „Wie Big-Data-Analysen die Unternehmen verändern". *FAZ*.
Knop. C. (12. Januar 2016). „Im Marketing redet man über Daten, genutzt werden sie nicht". *FAZ*.
„Master Slave: The Fight for the Soul of Our Information Civilization", Harvard Business School, M. Bischoff aus dem Amerkanischen. (3. März 2016). *FAZ*.
Thoma, R. (11. April 2016). „Die Nadel ohne Heuhaufen". *FAZ*.
Velte, P. (2015). Die Berichte werden immer verwirrender. *FAZ*.

The manufacturer's authorised representative in the EU is Springer Nature Customer Service Centre GmbH, Europaplatz 3, 69115 Heidelberg, Germany. If you have any concerns regarding our products, please contact ProductSafety@springernature.com

Printed and bound by CPI Group (UK) Ltd, Croydon, CR0 4YY
23/03/2026
02076461-0002